縄文人からの伝言

岡村道雄
Okamura Michio

目次

はじめに――私が目指す縄文的な生活―――11
1　縄文的な暮らし
2　縄文的な心、考え方

第一章　数百年から千年以上も続いた縄文集落―――19
一　縄文人は、どんな場所を選んで住んだか？
1　最近、縄文以来の村社会が終わった？
2　集落設営のための土地選び
3　土地造成とインフラ整備
4　縄文的な村と社会の崩壊？
二　祖先が一万年以上住み続けた土屋根の竪穴建物
1　日本の住まいの原風景
2　竪穴建物とは何か

3　焼いた竪穴建物跡の特徴
4　なぜ竪穴建物を焼いたのか？
5　日本の風土に適した土と木の建物

第二章　海・山の幸と自然物の利用 —— 55

一　縄文「里山」、「水場」と植物利用
1　解明が進む水と植物の利用
2　クリ林、ウルシ林、里山を育てた縄文人
3　植物質素材を利用した道具、物作り
4　水場、水場の施設と水の利用
5　自然との共生の歴史

二　今日まで続いた縄文の海の豊かさ
1　豊かな海と貝塚集落の形成
2　生業の季節性を調べる

3　豊かな内海での魚貝とり
4　初歩的な養殖、塩の生産
5　現代にも息づく縄文の漁

第三章　定住を支えた手作り生産と物の流通――91

一　縄文遺跡間を動いた物
1　装身具やシンボル的な製品
2　道具や資材などの生活必需品
3　原産地に残された採掘場や加工場と、運ばれた集落
二　アスファルトの精製と運搬、利用
1　アスファルトの原産地
2　アスファルトの精製遺跡
3　アスファルトの運搬と流通

三　河川、湖沼、海で丸木舟が活躍
四　発達していた手作り生産と物流

第四章　縄文人の心と祈り

一　縄文女性の一生
1　考古学による女性史研究
2　縄文女性の誕生から死亡まで
二　女の願い、祈りの土偶
1　縄文文化を代表する祈りの道具
2　何のために誰が作り、どう使ったか
3　土偶に見られる考古学的事実・特徴
4　破損、修復、打ち割りなど
5　多量に出土する集落と出土状態

6　盛行した時期と地域、土偶型式と文化圏
7　土偶のその後、オシラサマ
三　シャーマンと祭り
1　シャーマンと巫女など
2　人体文（シャーマン）の登場
四　狩猟文土器などに見られる祭り
五　重要な役割を担った縄文女性
第五章　墓・埋葬とゴミ捨て場・「送り場」――151
一　送りと送り場
1　循環・送りの哲学
2　「盛土遺構」と貝塚など
3　貝塚・「盛土遺構」などの「送り場」

二　死者を送る「葬送」
三　今に伝わる送りの哲学
第六章　縄文的生活文化の終わり――171
一　昭和三〇年代に迎えた大変革
1　土地の開発と造成、土木工事
2　家族・共同体と住環境の変化
3　交通・物流の発達と経済の活性化
4　道具素材の変化、機械の大型化・自動化、大量生産
5　エネルギー源の変化
6　生業と食生活の変化
7　情報機器の飛躍的発達
8　環境悪化や精神などの変化

二　今後の方向性
おわりに――歴史に学ぶべき現代――193

はじめに——私が目指す縄文的な生活

1　縄文的な暮らし

私は東京都杉並区に住んでいるのですが、縄文人にあこがれているので、名刺の肩書きは、「杉並の縄文人」、パソコンのメールアドレスは、suginamijomonjin@です。小学校三年生からずっと縄文文化が好きで、三〇年近く研究を続け、縄文人に近づきたいと思うようになってからも二〇年くらいがたちました。

縄文人が食べた物は、私もできるだけたくさんの種類を賞味したいと思っています。最近の成果は、ウバユリの球根、干したスベリヒユ、アマドコロの若芽や茎、スッポンのフルコースなどを、生まれて初めて食べたことです。できるだけ素材の味がわかるように、生食か、ゆでて食べます。日頃も素材の形がわからない物、調味料・保存料・着色料・添加物が多く入った物は、食べないようにしています。もちろん縄文食ですから国産品、できれば地産地消です。地域の人たちが自信をもって作り、送りだした物を、その心を含めておいしくいただきます。

自家製のたくわん、梅干し・梅酒、味噌《みそ》、干し柿や、サルナシ、ヤマボウシ、マタタビを入れた果実酒を家内と一緒に作り、家内はおもにベランダで農薬を使わない野菜作りをしています。もっとも、ダイコンもウメもカキも、弥生・古代に日本に入ってきた物ですが……。玄関先には鳥が落としたサンショウの実が大きく育っていますので、若芽でサンショウ味噌を作って冷《ひ》や奴《やっこ》などにのせて食べます。猫の額の庭にある、武蔵野《むさしの》の昔から生えていたヤマノイモのむかご、移植したノビル、ミツバ、ミョウガ、シソも大事な旬の食材です。

また合成樹脂や化学繊維などの石油化学製品ではなく、自然物素材の利用を心がけています。ザル・カゴ、陶磁器、お椀《わん》、漆器、箸《はし》などです。鉛筆はナイフを使って削り、仕事に向かう心を落ち着かせています。縄文から続く、「物作り日本」の伝統を何とか護《まも》りたいのです。オートメーション化して多機能をもつ複雑な機械・器具、ウォシュレットつきの水洗トイレを作りだすまでに、物質文明は発展してきました。それらは便利で快適です。

しかし、エコで、出るゴミも少なく、腐って土に還る循環型の自然物利用がもっているメリットも、考慮した方がよいのではないでしょうか。また故障や災害時などに、普段から備えておくという意味もあります。

建築史学の藤森照信さんは、東京に土と石と木をおもな材料としてタンポポ・ハウスと呼ぶ自宅を作って住んでいますが、私も自然素材を使った日本の風土に合った「夏涼しく冬暖かい」土屋根の竪穴《たてあな》建物に住むのが夢です。近くに自然に親しめる里山などがあれば、なおよいと思います。

2 縄文的な心、考え方

縄文人は、祖先の墓地がある広場を囲んで祖先とともに環状に集落を作って、人びとは向き合って暮らしていました。また万物にカミが宿ると信じ、周りの里山などとともに自然の一員として生き、季節や生命の循環にまかせて日々を送っていました。死して山に帰った人は、また何かに再生してこの世に帰ってくると信じていたのです。

私も、合理的・効率的に結果だけを求める考え方・生き方ではなく、ときには回り道をしながら、時計を腕から外してできるだけ自分の生理時計にしたがって生きているつもりです。お互いを認め合い、仲よく楽しく明るく輪になって暮らすのが第一です。人と話をしたり、手作業などを一緒にするのが好きです。テレビは、ドキュメンタリー、ニュース、相撲中継などを選んで見る程度で、まったく見ない日もあります。知恵を詰めこみ、競争する勉強よりも、考え方、問題解決方法、表現力、生きる力などを身につけるための実学が大切だと思います。知的労働が向いている人は、学を積むために高等教育を受ければよいですし、職人や専門家になりたい人は、職業教育を受けたらいいと思います。

また物を大切にし、直したり繕ったりして、最後まで付き合いたいと心がけています。自然のなかで生かされて生き、自然とともに循環して生きたい、経済や物質的価値よりも、心を重視したいと思います。

一年に二〇〇日近く遺跡や発掘調査を見たり、各種委員会などで全国に出かけます。移動のための車中では、ゆったり考えたり、研究構想を練ったり、漆塗りのマイ箸で自家製のおむすび弁当を食べます。米と野菜は弥生時代からの食べ物ですが、夜のお酒は日本酒を漆塗り椀で飲み、食事も米食や日本料理にするよう心がけています。米・野菜・魚介などの自給率のさらなる低下に、少しでも歯止めをかけたいとも思っています。

しかし家人は私のことを、縄文人を目指しているのに口先だけだと言います。全国を飛び回って家におらず、家にいるときはパソコンに向かい、大きな声で携帯電話で話し、忙しいと言って庭木も手入れしない、壊れた垣根も器具も直さないと呆《あき》れています。

東日本大震災前に岩手県大船渡市で縄文貝塚について講演をしました。そのとき、わざわざ一関市からタクシーに乗って、私の「縄文化」がどれだけ進んだかを見に来てくれた女性もいました。もっと縄文人に学び、頑張らないと縄文人に合わせる顔がありません。

皆さんにもこの本を通して縄文人の生活と文化を紹介します。私たちの祖先が築きあげた日本の基層文化である縄文文化に、技と心を学んでほしいと思います。それによって、多くの問題を抱えて行き詰まった現代社会から、明るい心豊かな未来が創造できるのではないでしょうか。

図1 縄文時代年表（年代は暦年で表示）

一万五〇〇〇年前

草創期

氷河時代が終わって温暖化した。日本海側に暖流が流れ込み多雪、湿度の高い六季のある現代の気候環境に近づく

土屋根の竪穴建物に住み土器や弓矢を使い始め、石皿・磨石が一般化した

一万一五〇〇年前

早期

道南の垣ノ島B遺跡で最古の漆製品、赤漆塗り装束のシャーマンが出現

南九州で集落安定、壺・耳飾りをもつ「南の縄文文化」が栄える

七三〇〇年前に鹿児島・鬼界カルデラが大噴火（アカホヤ火山灰）

東日本の各地に定住集落、海辺・湖岸には貝塚集落が出現、釣針、ヤスの使用

ヒョウタン、エゴマ、アサ、豆類などの栽培開始

末期から前期初頭にイヌを家畜化（愛媛県上黒岩岩陰遺跡）

七〇〇〇年前

五五〇〇年前

四四〇〇年前

三二〇〇年前

二三〇〇年前

時期	
前期	前期初頭に海水面が三メートルほど上昇した温暖期（縄文海進）、関東平野の奥まで貝塚が分布 富山県小泉遺跡でクリの根株群（クリ林） 約六〇〇〇年前に十和田火山が大噴火（中掫火山灰） 中央日本で環状集落（墓地・広場を家が囲み、外周に貝塚・捨て場）発達 前期半ばから中期半ば過ぎまで北東北・南北海道に円筒文化が栄える
中期	後半の東日本で集落が大規模化（人口のピーク）し、装飾的な土器や土偶・石棒が発達した ヒスイ・コハクが流通し中部・関東で墓に副葬、アスファルトの精製と流通、 東海・関東で干貝作り盛んに 末期に東日本で木組み水場施設が出現し、トチノキの実さらしが盛んに
後期	東日本では大規模集落が分散、西日本では定住集落の再登場 土器の種類が多様化（壺、浅鉢、注口土器など）し、繊細な文様に 気候の寒冷化、三陸に大津波か? 北東北で環状列石墓地、石狩低地で周堤墓が発達した 漆文化、漁具、祭祀具が発達し、晩期まで続く 後期末に関東沿岸で塩作りが始まり、以後東北太平洋沿岸・東海に広がる
晩期	東北を中心に多彩な漆製品や土器、遮光器土偶で有名な亀ヶ岡文化が栄える 後半から寒冷化 北部九州で水田稲作が始まる

第一章　数百年から千年以上も続いた縄文集落

一　縄文人は、どんな場所を選んで住んだか？

1　最近、縄文以来の村社会が終わった？

現在は新潟県上越市となっている旧高田《たかだ》市内の市街地に私は生まれて、高校卒業まで育ちました。高校卒業の頃、高田は人口約七万人の地方都市で、江戸時代の高田藩の旧城下町でした。そして私は、第二次世界大戦後の昭和二三年元日に生まれた団塊世代です。団塊世代とは、昭和二二〜二四年の三年間に生まれた約八〇〇万人を指します。そのなかには地方から大都市・新産業都市へ移住し、日本の近代化・工業化、高度経済成長を支えた仲間たちが多く含まれます。

昭和三〇年には、人口五万人以上の都市住民の割合が総人口の四五パーセントを超え、逆に戦前には就業人口の半分を占めた農業を中心とした第一次産業従事者は四二パーセントに減少しました。さらに一五年後の昭和四五年には都市人口は総人口の半分を上回り、逆に農業人口は半減して都市の過密化、農・山村の過疎化が進みました。その結果、伝統的な村落が大きく変質し、都市部では核家族化が進んだのです。縄文時代以来の伝統的な定住集落・村社会は、それまで長い間踏襲してきた立地や家並み、寺社、墓地、萱場《かやば》や里山などの入会地・共有地といった集落構造を大きく変えました。

現代人の皆さんは、勤務地や、最寄り駅からの距離、家の大きさ・間取り、地価や住宅購入費、家賃などの要素を勘案して住居・居住地を選ぶことが多いと思います。その結果、代々同じ場所に住み続けることもまれになり、家々、墓地、ゴミ捨て場を継続的に残した定住集落、定住生活は、現代で終わりを迎えているようです。

旧石器時代は、一か所に場所を定めずに移動して生活する「遊動生活」を送っていました。それが縄文時代になると立地や景観、安全性、周辺の自然の生産性、他集落との距離、交通の利便性などを総合的に判断して土地を選び、集落を定めました。つまり、一か所に生活拠点（集落）を構え、周辺の水や動植物を集めて利用する定住生活を始めたのです。これを世界史的に、新石器時代の定住革命と呼ぶ場合もあります。ここでは、縄文時代以来続いてきた集落を設営する場所の選び方、自然と調和した集落造営・運営とインフラ整備などの歴史を振り返り、人びとが豊かで安全に暮らすための場所、その「環境選び」や「環境作り」について考えてみたいと思います。

2　集落設営のための土地選び

●乾燥した、日当たりのよい、風が避けられる平坦な場所を選ぶ

縄文人は、日当たりのよい南に面した台地のへりで、平坦からやや緩い斜面を選んで集落を設営することが多かったようです。台地ですから水はけがよく、地層も安定していました。たとえば仙台市にある縄文時代中期後半の集落跡、山田上ノ台遺跡は、仙台市教育委員会が昭和六二年に刊行した発掘調査報告書『山田上ノ台遺跡』によると、名取川に面した河岸段丘・台地のへりの南向き緩斜面、直径約一〇〇メートルの範囲に集落を営んでいました（図2）。同報告書によれば、集落には南西寄りに設営された墓地（土坑墓《どこうぼ》〈土を掘って穴を作り、遺体を埋めた墓〉と呼ぶ直径二メートル弱の墓穴が環状に分布する）を囲むように竪穴《たてあな》建物が並び、北側と北西側の二か所に捨て場・送り場がありました。墓地の中央広場は、埋葬・葬送の場であり、祖霊とともに集まって祖霊祭祀《さいし》を行うと同時に、情報交換

図２　川沿いの南向き台地上にある山田上ノ台集落跡（仙台市、中期）

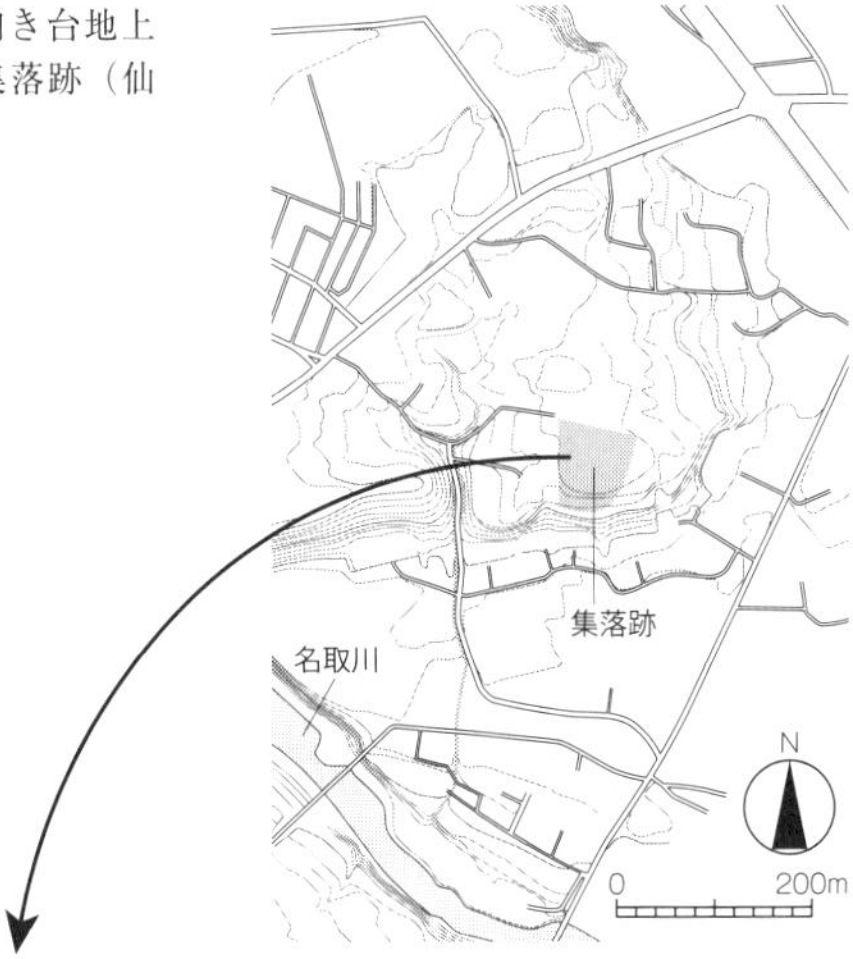

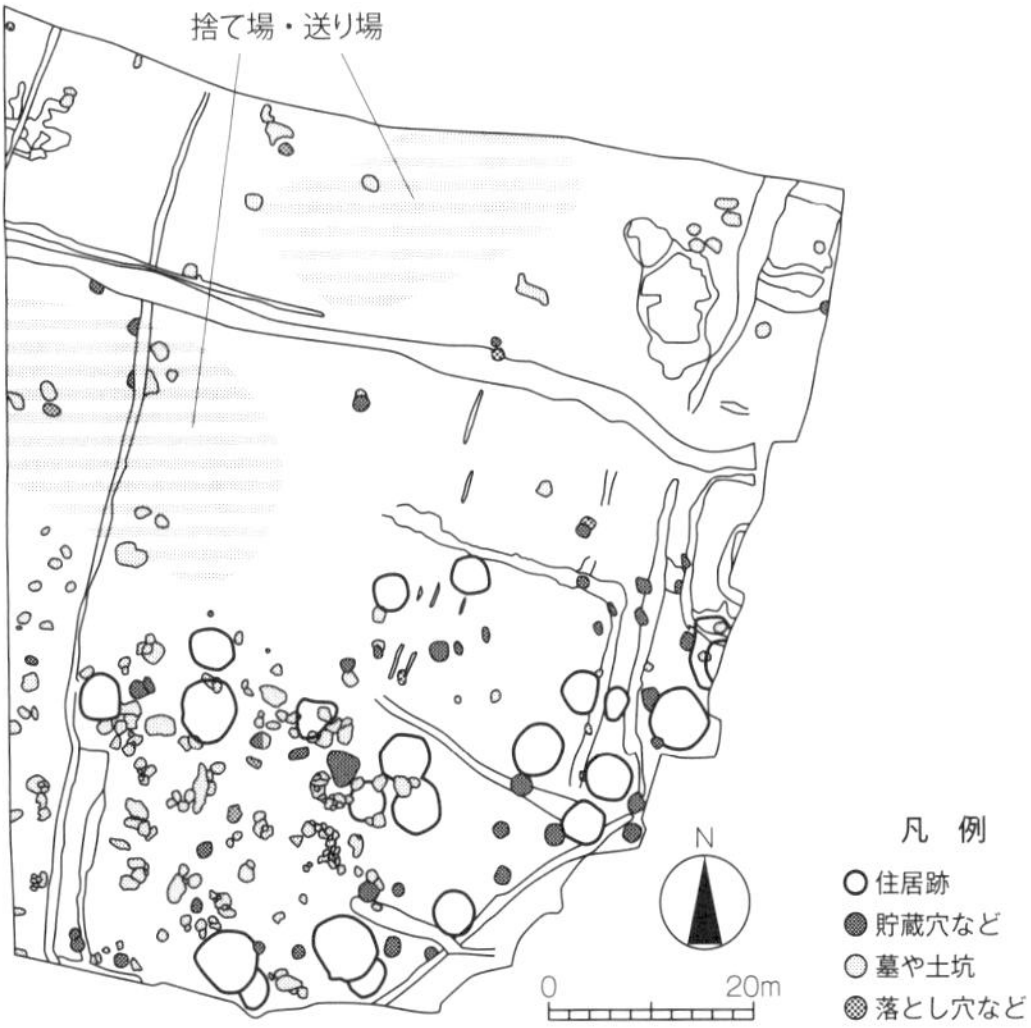

するための語らいの場でもあったでしょう。墓地の中央南寄りの墓（土坑墓）には、男の権威を示す石刀と呼ぶ石製品が入れられていて、この集落のリーダーだった男の墓だったと考えられます。

各竪穴建物は、川に面した南側に大型の炉をもち、そちら側が入り口となっていました。この地域には、西から北西の方向から冬の風が吹きますが、冬の強い寒風は、竪穴建物の土屋根がさえぎってくれていたのでしょう。

●湧水《わきみず》、川や湖沼沿岸、内湾沿いに立地

川沿いや河口では、晩秋から初冬にサケ漁が盛んだったようです。一般的に川が大きく蛇行した所や合流点近くには集落が多く見られますが、これらはサケを多量に捕獲しやすい場所であることも考慮されていたのでしょう。名取川中流から平野部に出る位置にある山田上ノ台遺跡周辺の遺跡からも、焼けて白くなったサケ科の魚の歯や背骨の破片が見つかっています。

通常、湖沼沿岸では、シジミやタニシなどの貝類、フナ、ドジョウ、ギギ（ナマズの一

種）をとっていたようです。一方、海辺の内湾沿いでは、二キロメートルほどの間隔を空けて、沿岸のハマグリ、アサリ、カキや小さな巻き貝類、魚をとって貝塚（貝殻・魚骨などの食べカス、壊れた道具、人の遺体などを捨て・送る場でした）を残した集落が点在していました。一般的に、川・湖沼・内湾沿いは生業の場所として重要であり、縄文人はそれらに面して一定の距離をおいて集落を築き、営んでいたようです。自然の資源量を確保するためには、一定の地域的な広さが必要であり、競合しないために海辺では二キロメートルほど、内陸では四キロメートルほど隣の集落との距離をとっていました。

また、日本では第二次世界大戦後まで輸送、交流・交通の手段として舟・船が活躍し、主要な交通網が川筋、内湾沿いや島嶼《とうしょ》伝いにできていました。さかのぼって縄文時代前期以降の遺跡、たとえば琵琶湖《びわこ》東岸や福井県の三方五湖《みかたごこ》沿い、千葉県の村田川や借当川《かりあてがわ》沿いなどでは丸木舟が点々と発見され、全国で一二〇艘《そう》余りの丸木舟が見つかっています。古くから水運が発達していたことがうかがえます。山田上ノ台遺跡でも、南の崖の下を流れる名取川辺りに丸木舟が繋留《けいりゅう》されていたことでしょう。

さらに集落周辺の湧水や川・小川など淡水の水辺では、飲み水を確保し、水にさらしてトチノキの実のアクを抜いたり、植物繊維を柔らかくしました。洗濯や水浴び、冷水での食料の保存もしていたでしょう。それらの用途のために素掘りや石を組んだ穴、木組み・木棚、足場などが設けられた水場が、最近次々に見つかってきました。水利用はきわめて重要だったと言えます。また、このような水場や水場の施設は、最近までの集落にも見られ、さらに各家庭でも水が引かれてお勝手仕事が行われていました（一七六頁・図27）。

●集落内、近隣にクリ林・ウルシ林を含む里山を設営

近年、低湿地遺跡の発掘調査によって縄文時代の植物利用や「縄文里山」の実態が、にわかに明らかになっています。その調査研究成果は、第二章の一で詳しく説明しますが、ここでは、安定した定住のためにはクリ林やウルシ林を含む里山が、とても重要な空間であったことを指摘しておきます。クリは実がなるまでに三年以上、ウルシは植えて漆液を掻《か》きとるまでに一〇年近くがかかりますから、彼らは里山の生態を熟知して植物利用を図っていたと思われます。近年までの日本人の暮らしに見られるように、木材・薪などの資材や樹皮・繊維などの素材、食・薬用などとした草木の若芽・実・根茎やキノコ類、鳥獣

や虫を、季節に応じてさまざまな形で利用していたのでしょう。多様な動植物や生物の多様性を熟知し、自らの生態とともに総合的に活《い》かす高度な技をもち、生活の循環を計画的に行っていたと思われます。山田上ノ台遺跡の捨て場・送り場の東側空閑地は、クリ林・ウルシ林を含む里山だったと考えられます。

また、粘土や珪藻土《けいそうど》、岩石、ベンガラや天然アスファルト（以下、アスファルトと略）などを調達する、地質・鉱物などについての知識・利用も、「土地選び」に当たっては重要な要素だったと考えられます。さらに最近は、しばしば集落内や近隣で粘土採掘穴が確認され、アスファルトや赤色顔料の素材となるベンガラや水銀朱の産地近くでは、原材料を採取してきて集落内の竪穴建物を精製工房として使っていたこともわかってきました。

加えて、豆類、エゴマ、ゴボウ、アサ、ヒエ、ヒョウタン、ウルシの炭化した種実や、土器表面や断面にそれらの形が押印された跡も発見され始めています。集落内でそれらを栽培する場所、すなわち原始的な畑が確保され、種実が身のまわりにたくさんあるような状況があったのでしょう。

●安全な場所選び

日本列島では、地震、津波、洪水、土砂崩れ・地滑り、噴火・土石流などの災害が、多発してきました。実際に遺跡を発掘すると、地震の痕跡《こんせき》である噴砂、側方流動などと呼ばれる地層の攪乱《かくらん》、地割れなどがしばしば見られます。あるいは地下式の貯蔵穴が途中から水平に横滑りし、竪穴住居の床に大きな亀裂が走るなど、具体的な地震災害の痕跡も認められることがあります。また、沿岸部では、海底が起源の貝殻などが混入した砂礫《されき》や砂や腐食性物質を多く含む泥質土などの、海側から押し寄せて堆積《たいせき》した津波による堆積層が、広域に認められることがあります。平成二三年三月一一日の三陸大津波を契機に注目された仙台市沓形《くつかた》遺跡の弥生時代中期の津波による堆積層、また平安時代の貞観《じょうがん》一一（八六九）年に三陸で起こり多賀城及びその周辺に大津波被害を残して『日本三代実録』に記録された「貞観の津波による堆積層」も、仙台湾周辺で確認されつつあります。

ほかにも日本列島で発生した災害の痕跡としては、土砂崩れ・地滑り・洪水が集落を襲ったことを示す土砂堆積が、遺跡を発掘しているとしばしば認められます。また、古墳時代に群馬県榛名山《はるなさん》二ッ岳が噴火して厚い火砕流が渋川市の黒井峯《くろいみね》遺跡や中筋遺跡などを襲いましたし、平安時代に開聞岳《かいもんだけ》が噴火して鹿児島県指宿《いぶすき》市の橋牟礼川《はしむれがわ》集落跡を埋没させた例も著名です。これらの災害の歴史と被災状況は、私たちの居住の安全性を考えるうえで、今後も十分に参考にしなければなりません。

平成二三年の大津波は、三陸からいわき地方の海岸沿いまで大きな人的被害を起こしました。この海岸沿いの直線距離で約四〇〇キロメートルの範囲には、縄文時代の貝塚集落が約四八〇か所分布しています。当時の海水面は、縄文早期末から前期初頭の暖かい時期には約三メートル上がり（縄文海進）、その後、後期と晩期から弥生・古墳時代の寒冷期には二メートルも下がった時期もあるなど多少の水位変動がありましたが、縄文時代の貝塚集落はいずれも平成二三年の津波より高所に位置し、津波被害を受けていません。一方、浜辺で営まれた貝剝《かいむ》き・干し貝作りの貝加工場や、浜辺に土器を並べて濃縮した海水を煮詰めて塩を作った製塩跡は冠水しました。また、松島湾の宮戸島では縄文中期から後期に二回以上の津波による堆積層が認められます。当時は、縄文時代でも海水面が低かった時期に当たりますが、それにもかかわらず、逆に仙台湾・松島湾一帯の貝塚集落は高所に移動しています。津波にこりて高台に移転したのかもしれません。縄文人は、居住の場所を高台に求め、生業を沿岸の低地で営むことで、津波・自然の猛威とうまく付き合っていたようです。

●山を望み、死して山に帰る場所を選ぶ

縄文時代中期後半、岩手県一戸町《いちのへまち》の御所野《ごしょの》遺跡は、二つの中央に環状に並べた配石をもつ墓地を囲んだ中央地区の居住域と、その東西にも居住域をもつ集落跡です。中央地区の墓地と西地区の竪穴住居の入り口奥の祭壇には、集落の北西約一五キロメートルにそびえる標高五五〇メートルほどの茂谷山《もやのやま》でしかとれない花崗岩《かこうがん》が並べられています。また、同県滝沢市の後期・湯舟沢Ⅱ遺跡でも、墓地（配石墓群）の中央に立って西側の狭い谷間を見ると、その先に谷地山が望めます。同じく宮古市の中期から後期初めの崎山貝塚の集落跡でも、集落中央広場の両端の立石から見通すと霊峰がそびえています。東北では「死して山に帰る」と言い伝えられてきましたが、縄文人も、山を望み、周囲の自然と一体になることで、大自然に歩調を合わせて、生かされながら生きることで、死して山に帰る循

環を思っていたのでしょう。そう考えると、現代の都市を中心とした生活空間には、カミもホトケもいないことが多くなりました。

3　土地造成とインフラ整備

岩手県の縄文中期後半・御所野遺跡、秋田県の後期後半・漆下遺跡、福島県南相馬市の中期後半・浦尻貝塚、栃木県小山市の後・晩期の寺野東遺跡などでは、集落中央部の広場を、表面の黒土からその下の赤土、粘土層まで広範囲に削り、その掘削土を台地周辺の縁に移動するとともに、斜面を埋め立てていたことが確認されました。つまり、広場とそれを囲んだ竪穴建物群を削り取るほどの大事業によって、集落をリニューアルするとともに、周囲の谷や斜面を埋め立てて平坦地を広げ、新しく建物群などを配置していたのです。

また東北北部から北海道南部の縄文時代後期前半に造営された集落では、青森市の小牧野遺跡、秋田県の鹿角《かづの》市大湯環状列石や北秋田市伊勢堂岱《いせどうたい》遺跡などで見られるように、斜面部を削って低いところに盛り土して平坦地を造成し、そこに大きな石を数千個、直径三〇メートルから五〇メートルを超えるほぼ円形の外周に沿って並べ、列石をめぐらすことで区画し、そこに配石墓や土器棺を埋めこんだ「環状列石」と呼ぶ墓地を営む所もありました。つまり、大規模な土と石を用いた土木工事によって、典型的に様式化した葬送、祖先祭祀の空間として環状列石を演出、区画していたのです。なかでも小牧野遺跡では平均一〇・八キログラムの石を約二九〇〇個、総重量三万一〇〇〇キログラムを超える量を、遺跡の下を流れる荒川から一キロメートルほど運んで環状列石を配置するという大工事でした。

さらに北海道の石狩低地を中心とした縄文後期後半の土堤を円形にめぐらせた集団墓地（周堤墓）でも、千歳《ちとせ》市のキウス周堤墓群の場合は、墓地の周りに最大のものでは直径七五メートルの円形に高さ三〜五メートルの土堤を築くという大規模な土木建築が行われました。縄文人が、墓地・祭祀空間作りに多大な労力をかけた大土木工事を行っていたことが、明らかになってきています。

縄文人は、こうした大規模な土木工事をはじめ、竪穴建物の竪穴部・床（土間）、道、土坑墓や地下式貯蔵穴などの掘削には、木製の掘り棒やクワなどを使ったようです。山形県の前期・押出《おんだし》遺跡や青森県八戸《はちのへ》市の晩期・是川《これかわ》遺跡などで掘り棒、クワの柄やクワ先が発見されています。弥生時代の遺跡では木製の背負子《しょいこ》が発見されていますが、こうした大規模工事が行われていたことからも、土の運搬具は縄文時代にもあったと考えられます。

4 縄文的な村と社会の崩壊？

ここまで確認してきたように、縄文集落では石や土を大規模に動かす土木工事がすでに行われていました。彼らは土屋根の竪穴住居や掘立柱《ほったてばしら》建物に住み、大型建物、貯蔵穴も設置し、集団墓地や盛土遺構《もりどいこう》・遺物包含層・貝塚などと呼ぶ送り場・捨て場などのインフラ整備も行っていました。そして通常はやや離れた場所に水場、粘土採掘穴などがあり、それらと集落をつなぐ道が存在したのです。ただし、土堤や溝で墓地などを囲う場合もありましたが、集落全体を囲い・区画する施設をもたなかったのが、世界的に見ても縄文集落の特徴です。自然と調和的に暮らし、他集落とも連携して平和に暮らしていた日本的定住生活だったと言えます。

ところで面積約七・四平方キロメートルの宮城県奥松島の宮戸島には、四か所の浜に面して、少なくとも江戸時代の初期から集落が立地していました。それらはいずれも半農半漁の集落で、それぞれ五〇戸から六〇戸前後からなっていたようです。集落間は、谷間から尾根筋をたどる道で結ばれ、船着き場から島外に向けては海の道でもつながっていました。またそれぞれの家は、背後の丘陵に畑や氏神をもち、谷底平地には天水による水田も作っていました。

集落には共同井戸、集団墓地と寺、神社もありました。さらに集落から一キロメートル余り離れた海辺の丘の上には、カヤ葺《ぶ》き屋根のカヤを調達するムラカヤと呼ぶ萱場や、ムラヤマと呼ぶ柴《しば》や薪などを調達する里山・入会地もありました。また一方で、各集落は漁場区分を決めています。彼らは、舟で澪《みお》筋を通り、島の高台にある松や小島、沿岸の根（岩礁）などを目視して「山はかり（山あて）」という経験的な三角測量をして自分の位置を確認しながら航路や漁場を選び、それまでの漁獲の経験を活かした漁をしていました。集落単位でカヤや柴刈りなどの共同作業、ウニ、アワビ、ワカメ、ヒジキなどの共同採取を行い、助け合って舟を浜に上げて漁獲を分配していたのです。

意思決定や祭りは、伊勢講・観音講などの集まりで行い、親睦《しんぼく》を深めて集落のつながり、相互扶助を支えていました。家々には土間と囲炉裏、座敷と寝間、雨戸と縁側に、水場、馬屋がつき、風呂場や外便所がある中庭もありました。このような屋敷割り、集落構造、村社会は、縄文時代以来の伝統を継承し、基本的に戦後まで続いていたものです。

このように、隣の集落と適当な距離をもちつつ、自然に囲まれ、自然を育てて管理し、一体になって生かされて生きていた、縄文文化を継承した宮戸島の集落と村社会は、平成二三年の三陸大津波によって崩壊を余儀なくされてしまいました。

二　祖先が一万年以上住み続けた土屋根の竪穴建物

1　日本の住まいの原風景

東京の武蔵野《むさしの》台地に、通称タンポポ・ハウスと呼ばれる家があります。先述した建築史学の藤森照信さんのお宅です。このタンポポ・ハウスは、木・石・土などの自然素材を建材に使用し、垣根もなく、周辺の自然や景観との共存を図っているように見えます。自然との共生を実現した住まい・住空間というコンセプトで作られたのでしょうか。縄文の土

図３　復元された岩手県御所野遺跡の土屋根竪穴住居など（中期）

屋根竪穴住居も、モデルのひとつになっているのかもしれません。長野県出身の藤森さんが受け継いだ縄文からの伝統があったように思いますし、日本人の原風景ともつながっているのかもしれません。

そして、土がかぶせられたタンポポ・ハウスの屋根には、文字通り日本在来種のニホンタンポポが植えられたようです。

岩手県一戸町の御所野遺跡には、復元された土屋根の竪穴建物があります。春の御所野遺跡の復元竪穴建物周辺にはタンポポが咲き、秋にはアケビ、クリ、クルミ、ハシバミなどが実り、紅葉した木々もみごとです。そして御所野遺跡に入ると、数棟復元された竪穴建物は土の小山のように見え、土屋根には草が生え、周囲の自然と溶け合った様子は縄文時代にタイムスリップしたかのようです（図３）。御所野遺跡に隣接する御所野縄文博物館も、屋根にかぶせた土には草が生えています。

また、自然素材でできた竪穴建物は、土屋根が熱を吸収するため夏は涼しく、実験によれば、晴天時でも竪穴内は気温二五度、湿度八〇パーセントを維持するそうです。冬は炉の熱を逃がさないために暖かい、とてもエコな建物でもあります。

日本列島では、縄文時代草創期の約一万二〇〇〇年前には、南九州で数棟の竪穴建物や炉、墓などを作って住むようになりました。福岡県福岡市の大原《おおばる》D遺跡と静岡県沼津市の葛原沢《くずはらさわ》Ⅳ遺跡では、焼けた土屋根の竪穴建物が見つかっています。竪穴建物は、畿内《きない》では古墳時代まで、中国地方では奈良時代まで使われ続け、その後の住まいは掘立柱建物に移行していきます。なお、古墳時代になると鉄製工具が発達して板壁が普及したためか、全国的に家の平面形状は四角くなりました。五世紀前半には、西日本ではカマドが壁に接した形で据えつけられ、それに煙道と呼ぶ地下式の煙突がつき、横に延びたその煙道から煙が屋外に出るようになります。そのため炉に比べて家のなかには煙がこもらず、屋内が煤《すす》けることも少なくなりました。その後、六世紀になるとカマドは全国的に普及します。

ところで、平安時代まで竪穴住居が使われた東日本では、実に一万年以上もの長い間、竪穴建物は日本人の住居だったことになります。そしてその後も、一部は住居や室《むろ》と呼ばれる貯蔵小屋、あるいは作業場として、竪穴建物は東京郊外でも近世、近代まで使われ続けました。

竪穴建物の多くは居住用の建物でしたが、必ずしも一棟に一家族、というわけではなかったようです。御所野遺跡で見られるように、二から四棟に大家族が分かれて住んだ場合もあったようです。大阪府八尾市の弥生時代後期・八尾南遺跡や群馬県渋川市の古墳時代・黒井峯遺跡などのように、竪穴住居のほかに平地式の倉庫や、井戸、菜園などもそろった一家の敷地跡が発見された場合もあります。いずれにしても縄文時代には、家族が炉を囲んで、炉で調理した煮物・スープ状の食べ物を土器から分けてともに食べ、炉の火で暖まり、明かりをとって、そして周りの敷物の上に干し草・編み物などにくるまって寝起きしていました。竪穴住居は、家族が安定した生活を送るための一単位であり、心を共有する基本的な場だったのです。

2 竪穴建物とは何か

竪穴建物は、大地を掘った穴の底に平らな床を作り、上に屋根をかけた建物で、定住生活のために頑丈に作りました。一方、狩猟や魚とりなどのために出張して短期に逗留《とうりゅう》する場合は、テント式の建物でよかったようです。

図4　イヌイットの竪穴住居（入り口に子供が立っている）

世界の民族の事例・記録や遺跡の発掘例から見ると、竪穴建物は、北アメリカ、東シベリア、東北アジアなどの高緯度地域で冬期の定住生活用に使われてきました（図4）。これらのうち、北はロシアのサハリン・沿海地方から、黒竜江の中・下流域、中国内モンゴル自治区まで広く分布していた土屋根竪穴住居の伝統は、沖縄本島までの日本列島を南限としていました。それらは竪穴に円錐《えんすい》形や角錐形の土屋根をかけた半地下式のものが基本でした。つまり日本列島も、こうした東北アジアの竪穴建物様式の系譜に含まれていたのです。奈良時代に書かれた『風土記』や『日本書紀』では、当時朝廷のあった大和《やまと》も含めた日本各地には土蜘蛛《つちぐも》（土雲）と呼ばれる在地土着の集団がいて、ヤマト王権の征伐に抵抗する者として登場します。そして『常陸国風土記《ひたちのくにふどき》』や『摂津国風土記逸文《せっつこく》』では彼らを、土窟《どくつ》に穴居して未開の生活を営む、凶暴な存在としています。このような土蜘蛛伝説は、その「土蜘蛛」という名前そのものも含め、昔、土屋根の竪穴住居に在地の人びとが住んでいたことを物語っていると言えるでしょう。

通常、縄文集落を発掘すると、竪穴建物の屋根から壁材の部分は崩れ落ちて腐っており、地下に残された床やその中央部などに設置された炉や、床の壁ぎわの溝と、壁の立ちあがり部分が残っている程度です。壁は、本来地表から一〜二メートルの深さがあったと思われますが、竪穴周辺に土盛りされていたはずの土堤・周堤とともに後に耕作や風雨などによって削られてしまっている場合が多いのです。炉は、床をさらに浅く掘り窪《くぼ》めるか、そこに石囲いや土器片を敷いた所、あるいは床上で直接火を焚《た》いた所でした。

これらより上部では、壁板や屋根を支える柱、柱を上部で横につなぐ梁《はり》と桁《けた》を組み、梁と桁には壁上の土堤・周堤から屋根に向かって垂木《たるき》を放射状に立てかけ、屋根の基礎構造としていました。これら柱や梁・桁、垂木も腐って残っていないのが普通ですが、まれに焼失した竪穴建物の場合（専門家はこのような遺構を焼失竪穴建物、火災住居、燃焼住居などと呼んできました）、垂木やその上に敷いた草・枝・樹皮などの屋根葺き材などが、屋根土に覆われ、炭のようになって発見されます。これは、屋根土が覆いかぶさった結果、炭窯のように内部が酸欠状態になり、くすぶって焼かれたため木などが炭になって残ったものです。しかし、よく燃え過ぎては木質部分などは残りません。逆にあまり燃えずに芯《しん》が生のままでも、それらは腐ってしまい、表面の炭化した部分だけが炭粒となって残ります。適度にこげて炭になって残る事例は、まれなのです。

一方そうした場合、屋根にのっていた土は焼け落ちて赤い土の固まりになって残ります。それらを見ると壁に近い周辺部ほど厚く残っていますから、縄文時代には裾が厚い円錐形の土屋根が多かったことが推測されます。また床にあった土器や石器、クルミなどの木の実や植物の種などが、黒く焦げたり赤く焼けて発見されることもあります。

ここからは、約五〇〇〇年前の御所野遺跡の発掘成果を例に、縄文中期後半の家と家のなかの様子について説明しましょう。この遺跡の発掘は、まず、竪穴建物の屋根には土がかぶせられていたことを全国的に知らしめた点で、大きな意味がありました。

御所野遺跡からは、角が円《まる》い四角形で長さ八・四メートルの大型（面積は四七平方メートル）の竪穴建物に、楕円《だえん》形で長径四・七メートルの中型（面積は一四平方メートル）のものと、直径が二〜三メートル（面積は四平方メートルと七平方メートル）の円い小型のもの二棟が、それぞれ隣接して建てられているのが発見されました。いずれでも大木10式と呼ぶ中期末の土器が使われ、大型・中型の竪穴建物では、入り口から見て奥の祭壇に、近くの茂谷山にしかない花崗岩が置かれていました。また、大型の建物には、石棒やとっくり形の土器も二つ、祭壇に供えられていました。祭壇とその反対側にある、複式炉と呼ばれる大きな石組み炉は、いずれも祭壇に置かれた花崗岩のある茂谷山の方向を向いています。

これらの竪穴建物は、大・中・小型の四棟がそれぞれ隣接して建てられ、内部で使われた土器は同時期の物で、大・中の竪穴建物の祭壇の向く方向も同じです。そのため、四つの建物は、同時に使われていた一セットだったと考えられます。そして、こうした複数の建物からなるセットは、大家族が共有していた竪穴建物群と考えられるのです。御所野遺跡の五〇〇棟を超える竪穴建物群を見ると、同じようなセットの竪穴群で構成されています。

また、焼けた竪穴建物群の炭化した木材を調べたところ、耐久性に優れたクリ材が八割以上も用いられていました。ここには、クリを植え、クリ林を育て、クリの実を食べるのはもちろん、クリ材や樹皮まですべて無駄にせず使う、縄文人の生活態度が見てとれます。

長野県茅野《ちの》市の縄文時代中期・藤内《とうない》遺跡では、クリがのせられた炉の上の火棚が天井から床に落ちた状態で発見され、新潟県長岡市の中道遺跡では、中期の竪穴建物の天井の棚にのせられていたトチノキの実が、棚とともに梁の間から多量に落ちたまま発見されています。これらは、近年まで東北地方の農家で囲炉裏の上の火棚に、俵に入れて保存されていた「ガスガコイ（餓死囲い、飢饉《ききん》用の備蓄）」と呼ばれるクルミやトチノキの実を彷彿《ほうふつ》とさせます。また火棚では恐らく、炉の火と煙を利用して燻製《くんせい》も作っていたのでしょう。

弥生時代や古墳時代には、焼失した竪穴建物の例以外にも、竪穴建物の構造をよく示してくれる発掘例があります。群馬県渋川市の中筋遺跡、吹屋恵久保《ふきやいくぼ》遺跡、黒井峯遺跡では、古墳時代に榛名山二ッ岳が噴火した結果、軽石に埋もれてしまった竪穴建物群が発見されています。吹屋恵久保遺跡では、竪穴部を掘った土を竪穴周辺の地上部にめぐらして土堤にした周堤や垂木の配列、厚さ四～九センチメートルの屋根土などが発見されました。また、この建物の出入り口は、地表部の周堤に少し土を盛って高くし、植物の束を横に敷き詰めた一メートルほどの長さのものでした。また、そこでは壁に立てかけられた梯子《はしご》も確認されています。さらに大阪府八尾南遺跡では、弥生時代後期の集落が丸ごと、洪水の土砂に埋もれた形で発見されています。周堤や梯子、壁ぎわの床溝にかぶせられた蓋板や柱の根、中央の炉の窪みに落ちた箱状のつり棚などが発見され、この発掘によって竪穴の構造がよりはっきりと明らかになりました。

3　焼いた竪穴建物跡の特徴

「発掘した竪穴建物が焼けていた」という状況を即物的に呼んだ「焼失竪穴建物」という用語の使用に、私は基本的には賛成です。しかし実際のところ、これらの竪穴建物は、不慮の事故で「焼失」してしまったわけではありません。そして、この言葉が指す「焼失」した建物は普通の竪穴建物だけではなく、縄文時代ではほかに大型竪穴建物や小型竪穴建物もあります。また北海道北半では、縄文時代後期の平地式の壁立ち建物も土屋根が焼け落ちて残っています。

いずれも土屋根であるこれらの建物について、それらが発見された地域と時期についいて検討してみました。検討したのは、地域や時期ごとの焼けている割合、焼けた建物の集落のなかでの位置、また、焼けたのは特徴的な構造や施設をもつ竪穴建物なのか、などといった点です。まず北海道・岩手県・宮城県・栃木県・石川県・愛知県・広島県・鹿児島県について、発掘結果が報告されていた竪穴建物をすべて調べました。岩手、北海道では、縄文時代中期末から後期になると、一〇パーセントくらいが焼けていました。一方、東海から近畿《きんき》、山陰・山陽でも、弥生時代になると焼けた比率は数パーセントになり、弥生時代後期から古墳時代前期には、関東・北陸の焼失率が一〇パーセント前後になります。さらに北東北では古代に二〇パーセントとなり、特に岩手県は奈良時代になると二五パーセントの高い率になります。北海道では、本州の弥生・古墳時代に並行する時期の続縄文時代には五パーセントほどだったのが、古代に並行する擦文《さつもん》時代になると二〇パーセント近くになります。これらの焼けた竪穴建物の事例は、その後、江戸時代の絵図（図5）や文献で確認できる、アイヌ民族が行ってきた家送り・家焼きの習俗につながったと考えられます。

図5　江戸末期のアイヌ民族の家送り・家焼き

4　なぜ竪穴建物を焼いたのか?

これまで焼失の原因については、①不慮の失火・火災、②戦乱や争いなどによる故意の焼きうち、③アイヌ文化に見られ、アイヌ語でカス・オマンデ、チセ・ウフイカなどと呼ぶ「家送り・家焼き」のような祭祀を伴う焼却解体、わざわいを避けるための焼却、単なる解体のための焼却、④噴火などの自然災害、などの説があります。ここでは以下、発掘された事実、成果に基づいてそれぞれの可能性を検討してみたいと思います。

•不慮の失火・火災説

土屋根の竪穴建物は、土が厚く覆っているため、実験的に焼いてみましたが、焼いてもすぐに酸欠状態になり、風穴を開けたり、追い焚きしないとなかなか燃えません。また、土蔵のような構造になっているため、外部から火をかけたり、熱を受けても焼けません。つまり、炭窯に似た構造の内部が酸欠になった状態で内側から火による熱が加わるため、屋根や壁などの材木が蒸し焼きになり、くすぶって、炭になったと考えられます。また、調査の結果では、炉・カマドなどの火元があってもなくても、建物が焼けている割合は変わりませんでした。つまり、そうした火元から火災・火事が起こっているわけではないのです。また、消火活動や、焼失後に後片付けをした痕跡はありませんし、他方で、床面の炉やカマドなどの施設が壊されたり、道具類も片付けられている場合が多いのです。まれに土器などの道具類が残されていても、大きく壊れていたり、破片がほとんどです。またそれらは、特定の場所、定まった場所に残されているのではなく、床面全体から満遍なく出土する場合が多いのです。つまり、もう使わないので置き去りにした、不用品だから捨てて置かれていたということです。これらの事実は、竪穴建物の焼失は、不慮の失火・火災によるものではなく、承知のうえでの火付け・放火だったことを示しています。

・戦乱などによる故意の焼きうち説

近畿から北陸にかけては弥生時代後期に焼失建物が多いので、これを『魏志倭人伝《ぎしわじんでん》』が伝える、卑弥呼《ひみこ》の時代の戦乱「倭国大乱」を表す物証と考える研究者もいます。また同様に、これらを奈良時代の「蝦夷征伐《えみし》」の際の焼きうちの痕跡だとか、平安時代後期の東北北部や北海道南部に見られる「防御性集落」とともに蝦夷の内乱・戦火を示す物証として、焼失竪穴建物が多く発見されるのだと説明されることがあります。ところが、倭国大乱は、弥生時代末期に相当し、焼失竪穴が高い率で発見される時期とは一致しません。また倭国大乱が想定される範囲は、広く見ても九州北半から北陸南部・東海にかけてですから、この時期に焼失竪穴が多出する地域とも符合しません。先述した焼失率が高かった時期・地域とは一致しないのです。また、戦乱状況を示す代表例として挙げられている石川県白山《はくさん》市旭《あさひ》遺跡群でさえ、焼失率は一二・五パーセントです。戦乱による焼失だと考えた場合、この比率は低過ぎると思います。さらには、戦乱がなかった縄文時代にも、焼失例が多い集落があることとも矛盾します。

考古学研究では時々、実証が難しいために、強引な歴史的当てはめや思いこみで、物語を描いてしまうことがあります。注意しなければなりません。

また、東北北半から北海道南部の例を含めて見ても、焼けた建物はすでに放棄されていた建物を焼いた場合が多く、大きさ、構造、集落内における位置、出土品などの特徴から見ても、たとえば、大きい中心的な建物が焼かれるなど、特定の建物が焼かれる傾向も見られません。ひとつの遺跡で一棟ないし二棟程度しか焼けていない場合が多いことや、隣接する複数の建物が延焼・類焼した状況も認められないこと、突出して焼失率の高い集落もほとんど認められないことを考えても、竪穴建物の焼失は、故意の焼きうちや戦乱の結果とは考えられません。

・焼却解体説

竪穴建物のなかの家財道具を片付けたり、炉やカマドを破棄し、建物を放棄して住まなくなり、壁際が崩れて床に崩れた土がたまるくらいに時間がたった廃絶建物が、焼却されたことを示す例が多く認められます。屋根に土が重くかぶさり、柱や屋根材などが組まれているというバランスの下で、柱などを抜いて解体するのは、大変な困難と危険を伴うでしょう。現実的には、壊さずに解体するのは不可能と言えます。ですから、柱材などの再利用も必要なく、解体を急ぐ場合は、内に火を放つことで、覚悟のうえで焼却したと考えられます。

解体理由を特定するのは、大変難しいことです。先述したようにアイヌ民族は、儀礼を伴う焼却解体処分である家送り・家焼きを行っていました。解体した家を集落から離れた野山まで運んで焼き、送る場合もありました。この習俗は、明治時代に禁止令が出ても、昭和三〇年代まで続いていたようです。特に集落内の年老いた有力者や女性有力者が亡くなった場合、「彼ら、彼女らには家を作る力がないのだから、遺体とともに燃やして、あの世へもたせてあげねばならない」と考え、儀礼を伴った焼却解体を行っていたことがわかっています。

こうしたことから、北海道の遺跡に残された焼失竪穴建物は、アイヌ民族の習俗に見られる「家送り・家焼き」と同様であろうと古くから考えられてきました。北海道・東北では、焼失率は縄文時代後期から高くなっています。一般的に送りなどの祭祀が盛んになるのも後期以降ですから、竪穴建物の焼失もやはり、これと同時期に盛んになり始めた祭祀のひとつだったのでしょう。北東北・北海道では、その後も高い率で焼かれる場合が多くなります。東北北部の古代とほぼ同時代の北海道擦文時代に至っては二割近い焼失率を示しており、これらが先述したアイヌ文化につながったと考えられます。一方、弥生時代前期から西日本を北上して北関東まで高い率を示している家焼きの習俗は、中国東北部から朝鮮半島で盛んだった家焼き儀礼が、西日本に渡ってきたものである可能性があります。

なお、山火事が及んだり、噴火や落雷などによって焼失したと考えられる竪穴建物は、今日の段階では知られていません。ただし、自然災害によって埋没したまれな例としては、先述した群馬県榛名山の噴火時に埋没した古墳時代の集落、鹿児島県の開聞岳の噴火で埋没した平安時代の集落、洪水で埋もれた大阪府八尾市の弥生時代後期の集落などが発掘されています。

不慮の失火や焼きうちによる焼失とする説も、すべて否定することは難しいです。しかし、先述のように焼失した竪穴建物の多くは、送りの儀礼を伴った焼却解体処分によるものだったと考えることができるのです。

5　日本の風土に適した土と木の建物

文化庁の統計によれば、縄文時代から平安時代までの集落遺跡は、時代別に集計すると全国にはのべ約二三万か所知られています。これらには一か所あたり数十から数百棟の竪穴建物が地下に埋もれているはずですから、おびただしい数の先祖の家の跡が地下に眠っていることになります。そして、それらのほとんどは、土屋根の竪穴建物で、その多くが住居であったことが、焼けた竪穴建物の調査によって明らかになりました。

私たちの先祖は、日本列島各地の風土に適した土屋根の穴倉のような住居に、悠久の時を継続して住んでいたわけです。

しかし、研究が始まった当初の古建築学が、カヤ葺き屋根だった江戸時代以降の民家などを参考にして竪穴建物を復元したことから、以来、史跡公園の復元竪穴建物は、ずっとカヤ葺き屋根でした。それでは、集落の景観やたたずまいが、往時とはまるで違うことになります。そして、まだまだ土屋根であったことが学界の定説になっていないせいか、考古学概説書や教科書の写真・復元画も改められていません。

史跡公園などに作られたカヤ葺きの復元竪穴建物が火事になる例は少なくありません。しかし、縄文の人びとがそこで生活していたことを考えれば、復元竪穴建物の火事の頻度は異常とも言えます。火事が頻発するのは、燃えやすいカヤ葺き屋根にした復元方法が間違っていることを示しているのではないでしょうか。

ところで、これは住む場所の選択についても当てはまることですが、私たちは、祖先が日本各地の自然環境に適した住生活を工夫してきた歴史・伝統を踏まえ、今後も生活空間をどのように確保するかということを考え続けていく必要がありそうです。日本人は一万年以上もの間、竪穴建物に家族を単位にして暮らすのが基本でした。しかし、今日は核家族化の結果、個々人が独立して暮らすことが多くなりました。また、人びとは多忙で生活時間・サイクルも多様なため、昔からの炉や囲炉裏、ちゃぶ台、テーブルなどを囲んで家族が一緒に食事をとってきた歴史が、途絶えようとしています。かつて食卓は、日々の糧に感謝して「いただきます」と手を合わせ、家族で情報や知恵を交換し、絆《きずな》を深める場でした。そこではときに、職場や地域といった場の仲間もともに食べ、飲みながら、助け合う精神も培ってきました。

こうした竪穴建物以来の家族生活をモデルに、今一度居住空間や家族の将来を考えてみる必要があるのではないでしょうか。

参考文献

大島直行「縄文時代の火災住居」『考古学雑誌』第八〇巻第一号、日本考古学会、一九九四

麻柄一志「焼かれた村」『考古学に学ぶ』同志社大学考古学シリーズⅦ、同志社大学考古学シリーズ刊行会、一九九九

浅川滋男編『竪穴住居の空間と構造』平成一二年度文部科学省科学研究費補助金特定領域研究(A)「日本文化の源流と形成に関するアジア諸地域との比較研究」日本文化班資料集2、二〇〇一

高田和徳『縄文のイエとムラの風景　御所野遺跡』新泉社、二〇〇五

岡村道雄編『日本各地・各時代の焼失竪穴建物跡』奈良文化財研究所、二〇〇八

第二章　海・山の幸と自然物の利用

一　縄文「里山」、「水場」と植物利用

1　解明が進む水と植物の利用

日本列島は縄文時代以来、海幸彦《うみさちひこ》・山幸彦《やまさちひこ》の伝説にあるように海や山の幸に恵まれてきました。そこに住む人びとは、「里山」を営むなど、自然物の利用を進めてきたといえます。しかし、食べ物・薬、物作りの素材など、植物利用の歴史については、文献にもあまり記されていませんし、遺跡では植物質の物は通常は腐ってしまいますので、真相がわかっていませんでした。かろうじて各地の人びと（常民）の暮らしや道具類などの民俗データ・資料が、昔の姿を伝えてきた程度です。なお、常民とは縄文時代から現代までの、普通の人たちを指し、ハレの日も含めた日常的生活を、常民の生活文化とします。

ところが、昭和五五年頃から、大規模開発に伴って台地上の集落跡だけでなく、周辺の谷や低地にも発掘調査が及ぶようになりました。このような低湿地には、人びとにとって

大切だった水の確保や水利用の場であった、水場と水場の施設が残っていました。川、小川、湧水《わきみず》などでの水利用の実態が明らかになったのは、画期的だったといえます。また低湿地には、台地上の乾燥した場所では腐ってしまう植物質の食べカス、たとえば木の実や草の種、樹木、木製や繊維製の道具類も、冷たい水にひたっていたために残っていました。このような遺跡を低湿地遺跡、低湿部をもつ集落遺跡などと呼んでいます。

日本人の生活は、木の文化を築き、植物に多くを頼ってきました。おもに自然の恵みで生計を立てている世界に現存する食料採集民の多くは、食べ物の約六割を植物質の食料に依存しています。また人骨には一生涯をかけて食べた物の炭素と窒素が蓄積されますが、縄文人骨に残された炭素と窒素の成分割合を分析した結果でも、縄文人は野生植物に多くを依存していたことが明らかです。そのため、日本人の生活の多くを占めていた植物利用の実態の解明は、日本人の生活文化の歴史を明らかにするうえで大変重要であるといえます。

海や湖沼沿いに形成された貝塚集落に残された、多くの食べカスが捨てられた貝塚は、沿岸部での魚貝類、鳥獣などを利用した実像を伝えてくれるのに対して、低湿地遺跡は、植物利用について大変重要な情報を提供してくれます。また、その数も、内陸部の普通の縄文時代集落跡が八万八〇〇〇か所あるのに対して、貝塚は全国に約二四〇〇か所、そして、今のところ低湿地遺跡は、全国で約二〇〇か所しか見つかっていません。さらに低湿地遺跡のなかでも佐賀市東名《ひがしみよう》遺跡、福井県鳥浜貝塚、山形県小山崎《こやまざき》遺跡など、わずかですが、動物と植物質の遺物が一緒に残っている低湿地遺跡も見つかっています。貝塚も低湿地遺跡も祖先たちの生活の実態を教えてくれる重要な遺跡です。植物質の遺物は周辺の植生環境を復元するうえでも、重要であることは言うまでもありません。

このような調査研究の状況下で、植物の種実、樹木、花粉などの種類を判別（同定という）する研究や植物生態学が特に最近一〇年余りで大きく進展し、低湿地遺跡から出土する植物質遺物の分析を進める際、大いに役立っています。私自身も、ここで紹介する縄文人の生活文化について、この分野の研究者から多くを教わってきました。そして、植物利用の実態がにわかに明らかになるにつれて、私たち周辺の本来の植生環境は縄文以来ほとんど変化していないこと、物作りの技や生活の基本も、近年までの人びとの生活、民俗学で言う「常民の民俗」につながっていることが明らかになってきました。

2　クリ林、ウルシ林、里山を育てた縄文人

・クリ林

縄文時代前期の富山県射水《いみず》市の小泉遺跡、後期の静岡県森町《もりまち》の坂田北遺跡、晩期の石川県金沢市米泉《よないずみ》遺跡や奈良県橿原《かしはら》市観音寺本馬遺跡の低湿地から、クリの根株群が発見されています。特に観音寺本馬遺跡では、三〇本前後のクリ根株群が数百平方メートルの範囲に見つかっています。本来、クリは日当たりのよい台地上に適した樹木です。しかし、観音寺本馬遺跡のようにクリ林が、低い水辺（低湿地）に設置したドングリなどの貯蔵穴群や円形に杭《くい》を打ち込んだエリと呼ぶ魚とり施設、トチノキやクリの実の加工・処理場などに隣接して発見されたということは、集落の近くの生育適地ではない低湿地にあえてクリ林を育てていたことを意味します（図6）。

他方、関東・甲信越や東北では、今のところ、木の幹の近くに花粉が落ちる性質をもったクリの花粉が、集落内で高い確率で発見される遺跡が何か所か確認されています。本来、縄文時代でもクリ林の多くは台地上で育成、管理されていたのでしょう。

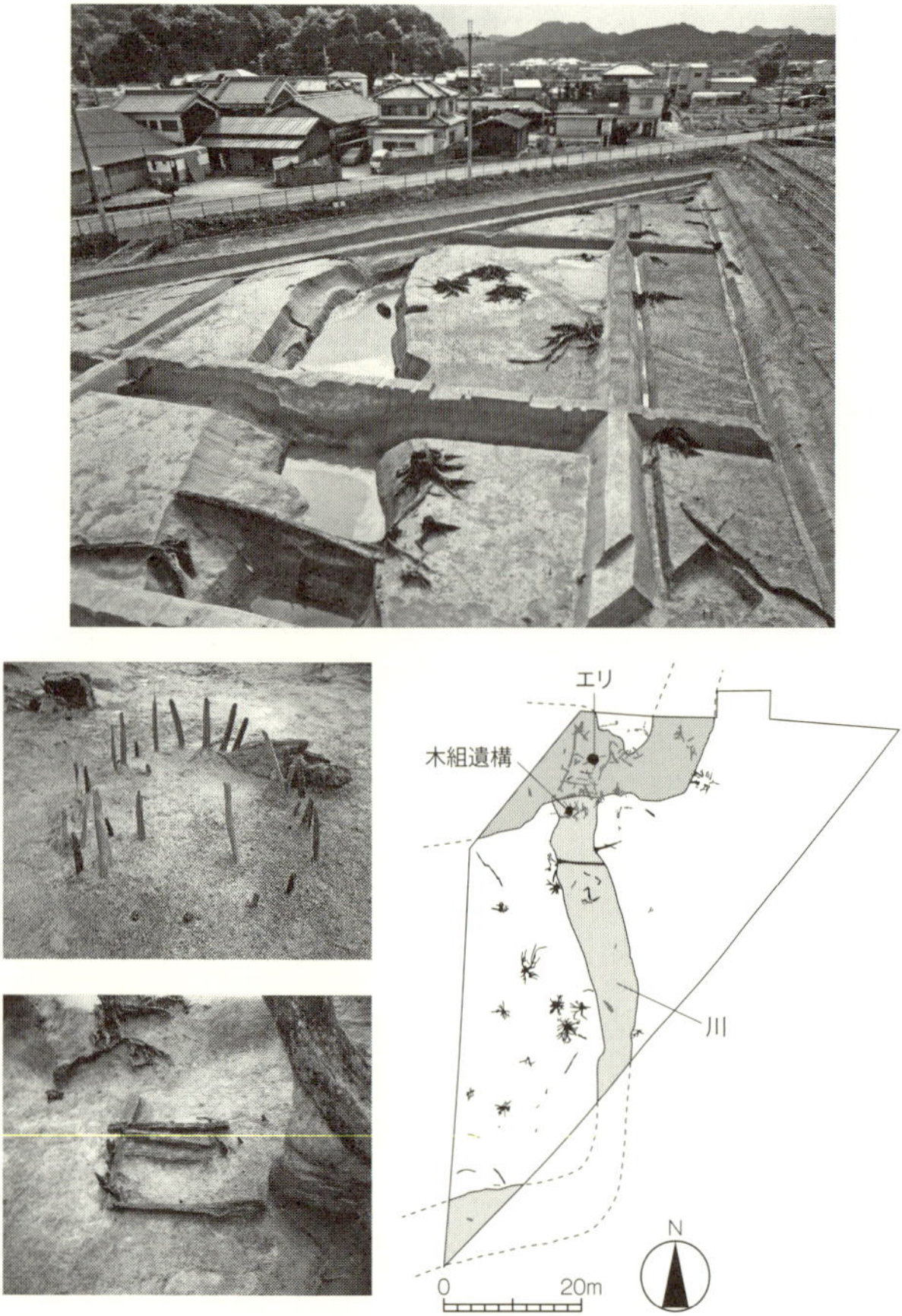

図６　観音寺本馬遺跡の根株群（クリ林）、エリ（左中）、水場遺構（左下）。右下は遺跡の一部を図示したもので、川の西側がクリ林跡

さらに中期後葉から後期には、こうしたクリ林で育った実が野生のクリより大きくなり、また後期にはクリの実の分布が北海道の石狩低地まで北上することから見ても、縄文人がクリの木を育てていたのは明らかです。また、クリの実の貯蔵穴や、クリの実を潰《つぶ》した後の皮を多量に捨てたクリ塚と呼ばれる所も発見されています。一方、幹や枝は、柴《しば》や薪として燃料になり、木材は建築物や水場施設などにも多く用いられ、器物の素材としても多用されていました。つまり、縄文人はクリの生態的特性を熟知し、クリ林を育て、根から幹、枝葉、もちろん実も、あまねく利用していました。

●縄文里山

低湿地に形成された捨て場からは、次のような植物質の道具類や食べカスがたくさん発見されます。東日本では、クリ、オニグルミ、ハシバミ、カヤの実などが出土し、中期末以降では特に強いアクを水にさらして抜く技法・施設が開発されたためか、トチノキの実の出土が目立って増えます。またオニグルミは、実を厚く覆っている鬼皮を腐らせて除去するために、穴を掘って土に埋められていました。一方、西日本では低湿地に掘った貯蔵穴からイチイガシ、アカガシなどのドングリが発見されており、縄文時代の早くからこれらが盛んに利用されていたようです。

また低湿地では、ブドウ属、キイチゴ属、サルナシ、サンショウ、マタタビ、クワ属、ニワトコ属、キハダ、クマヤナギ、サクラ属などの植物の種実が多く発見され、これらはそのまま食べたり、香辛料、薬、染料などにも使われていたようです。

これら低湿地から発見される樹木や木材、木製品、編組・繊維製品、種や実、花粉などは、集落周辺に縄文里山があったこと、そしてその広がりや植物構成・組成、植物利用の実態を教えてくれています。

また炉に残された木炭や、捨て場・盛土《もりど》遺構《いこう》などに捨てられた木炭を分析すると、それらの種類はクリ、ナラ、ヤマザクラなど、里山で育てられていた樹木が炭化した物が多く、里山からの燃料調達は大変重要だったと考えられます。事実、里山は薪炭の供給源として、最近まで大切な存在でした。特に、サクラ類の根株は、炉や囲炉裏で火持ちがよく最近まで「根っ子火」と言って重宝されていました。

さらに北海道から九州までの日本全土で、ノビルやアサツキなどと推定されるユリ科ネギ属の球根が、土器の内部に焦げて付着するなどして四〇遺跡以上から発見されています。これらは弥生時代以降の遺跡からも出土していますし、『万葉集』などにも記され、各地にはその存在を示す「蒜生《ひりゅう》」、「野蒜《のびる》」、「蒜山原《ひるぜんばら》」などの地名が残っており、日本人が食べた山菜の筆頭格だったようです。ほかに遺跡から発見されている山菜は、今のところ、富山県小矢部《おやべ》市の中期・桜町遺跡のクサソテツ（コゴミ）、京都府京丹後市の前期・松ヶ崎遺跡のヤマノイモのむかごだけですが、現代まで特に東日本で多用されてきたワラビ、ゼンマイ、ウワバミソウ（ミズ）、モミジガサ（シドケ）、タラノキ、多種のキノコも当然里山に育ち、たくさん食べられていたことでしょう。キノコ類については、中期末から後期・晩期の北海道南部から東北地方などで、ホンシメジ、サマツモドキ、シイタケなどの食用キノコの形を模した土製品が発見されている事実が、その証拠になるはずです。

また、栽培されたと考えられるヒョウタンやエゴマ、ゴボウ、アサ、野生種から栽培の結果やや大きくなったと推定されるダイズやアズキ型の豆類やヒエなども発見されています。このことから、集落内に簡単な畑、菜園があったことも推定できるようになりました。

・ウルシ林

ウルシも少し湿った土地で日当たりのよい場所に適した樹木ですが、遺跡から、その根株はまだ見つかっていません。ただ、炭になったウルシの実が集落内に散在していたり、ウルシ材が集落周辺の水場施設や護岸の杭などに利用されている事実も、ウルシがクリと同じように集落周辺で育成・管理されていたことを推定させます。また、現在も苗を育てる主要な方法である、切り株から生えた芽を移植する「萌芽《ほうが》更新」で苗を一〇年近く育て、木の勢いがよい夏を中心にして幹に一〇〜一五センチメートルほどの間隔で水平方向に一周する多数のキズをつけ、樹液である漆を夏から秋を中心にして何回も掻《か》きとり、一本から合計一八〇ccほどの漆液を得ていたと考えられます。なお、このような掻きとり痕のあるウルシ木は、埼玉県さいたま市の中期・南鴻沼《みなみこうぬま》遺跡、東京都東村山市の後・晩期の下宅部《しもやけべ》遺跡で四〇本以上発見され、島根県松江市の弥生前期・西川津《にしかわつ》遺跡、埼玉県東松山市の古墳時代・城敷《しろしき》遺跡、埼玉県吉見町《よしみまち》の西吉見条里遺跡からは奈良時代頃の物、石川県かほく市指江《さしえ》B遺跡でも古代の同様な資料が発見されています。伝統的な日本の漆の掻きとり技術が、長く受け継がれていたことが明らかになっています。

ウルシの木材も、水に強い性質を利用して水辺の杭、網などの浮きや容器に利用されていました。また最近までウルシの若芽をゆでて食べる民俗例が各地に残っていましたし、韓国では屋敷内や屋敷林にウルシを植えてその若芽をゆで、ナムルなどの家庭料理にしていることから見ても、縄文人も恐らくその若芽を食べていたと考えられます。ウルシの実も、民俗例のように多量の実を潰して蒸し、そこから漆蠟《うるしろう》をとっていたのかもしれません。

3　植物質素材を利用した道具、物作り

•木製品

皿・浅鉢・鉢などの容器、杓子《しやくし》やスプーン、木をこすって火をおこす火キリと火キリ臼《うす》、まな板・作業台、石斧《いしおの》の柄、スキ・クワ・掘り棒、弓や矢の柄、丸木舟や櫂《かい》、櫛《くし》・耳飾り・腕輪などが、木材で作られました。容器はトチノキ、弓はマユミやアズサ、櫛はムラサキシキブ、曲げ物はケヤキの樹皮で作るなど、材質の特性を熟知して選んで作られてお

り、その伝統は今日まで継承されています。

●ザル・カゴなどの編組製品、繊維製品

ザル・カゴなどの編み物については、佐賀市東名遺跡に見られるように早期後葉、約七五〇〇年以上前から網代《あじろ》編み・ござ目編み・六つ目編み・もじり編みなどや、模様の編込みなど複雑で多様な技術が発達しており、今日に伝わる伝統は、その頃からすでにほとんどでそろっていたと考えられます。また、まだ少量ですが、編布《アンギン》・繊維製品も発見されるようになっています。

●漆工芸と漆塗り製品

先述したように、本州以北の縄文人は、ウルシの木を植え、樹液（漆）、若芽、実、木材を利用したと考えられます。ウルシの利用がクリ以上に、木の特性を熟知して長年にわたり計画的に、かつ多様な形で行われていたことが、ご理解いただけたかと思います。

掻きとって採取された漆液は、発酵・安定させるために数日間寝かしたのち、編布で漉《こ》

して「生漆」という状態にします。さらに生漆を容器に摺《す》りつけるようにして粒子を細かく均質にするナヤシと呼ぶ工程を経、四〇度ほどで加熱しながらナヤシと同様な作業で水分を飛ばすクロメの段階を経て精製されます。ナヤシ・クロメには、口が広く一定量入って熱を加えやすい小型の鉢や上部を打ち欠いた土器の底部が使われていたようです。ナヤシ・クロメを終えた漆は「素黒目漆（クロメ漆）」と呼びます。素黒目漆は、蓋《ふた》をして保存され、塗る前には赤や黒の顔料を混ぜ、顔料の粗い粒やゴミなどをとり除くために編布を用いて漉されていました。その証拠に、恐らくカラムシなど、野生の植物の繊維で編んだと考えられる、絞った漆液がしみ込んだ状態の編布が、北陸から関東、東北の晩期の九か所の遺跡から発見されています。赤い漆は、鉄分を多く含んだ鉱物、あるいは鉄バクテリアが生んだパイプ状粒子を含む水性堆積した土壌を砕き、それらを土器で煮て精製したベンガラ、あるいは辰砂《しんしや》を砕いて精製した水銀朱を混ぜて作りました。また、黒い漆は炭粉やアスファルトを混ぜて作られていたようです。

漆製品には、浅鉢・皿・壺《つぼ》などの土器や木製の鉢、タケ・ササ類を細かく裂《さ》いた籤《ひご》や、へぎと呼ぶ木を細く割り裂いた籤状の物を編んだ鉢・皿・蓋・壺などに漆を塗った籃胎漆《らんたいしつ》器《き》、赤漆を塗った糸を編み、組んだ編布、帯、鉢巻きなどの漆繊維製品があります。漆は下地塗りから仕上げ塗りまで何回も重ね塗りされたうえで、仕上げに赤い漆を塗る、丁寧な手作業で作られていました。漆製品は、後期には黒い顔料を混ぜた黒漆塗りがやや目立ちますが、そのほかの時期では九〇パーセントほどが赤漆塗りの派手な物で、これらは祭り・祭祀などのハレの日のために作られたと考えられます。なお、なかには精製したままの素黒目漆を塗っただけで、黒褐色に見える漆器もありますが、これらは縄文漆製品の前半期に多く、全体では少量でした。

このように漆工芸品は、植物の生態・特質を熟知し、多くの技術を総合して長い時間をかけ、多くの工程を経て完成されます。完成後は、長持ちし、世代を超えた製品として愛着をもって使用されることも考えれば、漆工芸は、自然物による総合的な技と美の極致を示す、まさに日本の木の文化、物作りの代表といえるのではないでしょうか。

4　水場、水場の施設と水の利用

集落からやや離れた川・谷・湧水などの水辺・水場には、水利用のさまざまな施設が作られていました。これらは自然の水をうまく利用する、自然との共生の工夫だったといえます。

まずは、水場の土を掘って水貯めが作られました。そこには、よい水を確保するため、底に砂利や編み物を敷いたり、側の土壁に石を組む、板を立て並べて円形の枠を作る、木材を四角や長方形や井桁《いげた》に組むなど、さまざまな工夫が凝らされていました。また、水の流れを調節するために位置や傾斜を考え、導水・排水のための溝もつけ、水量調節のための関《せき》板《いた》を立て上部にはえぐりこみをつけるなど、実用のためのアイディアも数多く見られます。

そこでは、飲料水を確保するのが重要だったと考えられます。また同時に、乾燥などによって木がくるう・変形することを防ぐために半加工した道具・製品を水漬けして寝かしたり、多量のトチノキやドングリなどの実についた虫を殺し、特にトチノキの実ではアク抜きも行われていました。

トチノキの実は、栄養価が高いのですが、サポニンという強いアクがあるので、潰して水にさらし、アクを抜かなければ食べられません。そこで、細い木材を縦横に組んだ棚を敷いた水さらしのための施設・トチ棚が必要になります。この施設や技術は縄文の中期末から始まり、岐阜県から青森県までの十数か所の水場から見つかっていますが、特に晩期に多く発見されています。

なお、西日本では水場の周辺の低湿地にドングリ貯蔵穴が、虫殺しや短期貯蔵のために多数掘られていました。そのため我々も、こうした地域ではあたかもドングリが主食だったかのように考えてしまいがちです。しかし、これらはドングリが詰まったまま利用されずに放置されている場合も多く、主食にするほどドングリが多用されていたとは私には思えません。

5 自然との共生の歴史

集落や水場などに作られた施設、クリ林やウルシ林、あるいは粘土や石材の採取場所など、人が手を加えて管理する、広範囲の生態系（人為生態系）を、里山と呼びます。里山は、そこに生育する植物だけでなく、鳥獣や昆虫なども含めると、食べ物、薬、建築材や道具の材料（資材）、草や柴や薪など、生活に必要な物のほとんどすべてを備えていました。

日当たりのよい所に生える陽樹の多い里山は、落ち葉かきや下枝刈りをして土壌が肥沃《ひよく》になるのを抑制し、草生えを制御するとともに、伐採した後の根株から生えた芽（ヒコバエ）を移植して育てる「萌芽更新」によって木の生育サイクルを保ち、植生が遷移しないように維持管理する必要がありました。

また里山では、めぐる季節はもちろん、一年あるいは十数年先を見通した利用が、計画的・持続的に行われました。そして、このような循環し持続する自然は、今日につながる循環の哲学、信仰などの精神文化を発展させ、自然と調和しながら生きる精神を日本人のなかに醸成しました。これは、万物にはカミが宿り、我々人間はそれらとともに自然の一員として生かされ、生きているという哲学です。こうした哲学は、自然（カミ）への畏敬《いけい》の念を表象した祈り、自然の恵みに感謝して祝う神聖な森のなかでの狩猟儀礼、信仰や祭り、自身も含めた送りの儀礼など、豊かな里山文化、日本の生活文化の基礎を築いてきました。

そのほかにも、まだ確かな証拠は得られていませんが、沿岸部の磯や浜にもまた、同様に人間が管理し、育てた「里海」があったと考えられています。またヒョウタンの仲間や、豆類、エゴマ、アサなど、栽培植物の種実が発見・同定されるようになり、これらが集落周辺に植えられていたことも明らかになっています。山菜・根茎類としては、「里山」で採取したと考えられるノビル、コゴミ、ヤマノイモのむかご、縄や敷物の素材となったワラビも確認されています。また、採取した食料を地下貯蔵し、燻製《くんせい》、干物、塩蔵品などに加工、保存することで定住の経済的基盤とエネルギー源を確保していたことも、近年では推定できるようになってきました。

このように縄文人は、我々が想像するよりもはるかに高いレベルで自然を大切にし、育て、自然の一員として生かされて生き、森の中で哲学、信仰、祭りなどの精神文化を発達させ、豊かで高度な生活文化を築いていたと考えることができるのです。

二　今日まで続いた縄文の海の豊かさ

1　豊かな海と貝塚集落の形成

約一万五〇〇〇年前から世界的な温暖化が進み、日本近海の海水面も急激に高くなりました。寒冷で乾燥した氷河時代が終わり、現在のように梅雨と秋雨・台風の時期も含む六季をもつ気候に急激に近づいたのです。その海水面の上昇によって海に囲まれた日本列島の原形が作られ、自然環境、地形、風土も現在とほぼ同じようになったのです。

その頃、河川が内陸から運んだ土砂は、河口や沿岸に堆積し、栄養分の多い浜辺が内湾などに形成され、魚貝類がたくさん生息する環境ができあがっていきました。また、当時の海辺には岩場も多く、潮通しのよいきれいな海だったので、岩場に住む魚や巻き貝、潮通しのよい砂浜に住むハマグリなどもたくさんいました。また、栄養分の多い内湾には魚も群れるようになり、豊かな海となったのです。その後縄文時代の後半には、海底に砂礫《されき》や泥がたまってアサリやマガキが多くなり、河口周辺ではシジミがたくさんとれるようになりました。

このような内湾の魚貝類を求めて、縄文時代の早期末から前期の初めには、各地に海辺の集落が作られました。海からとった食料の食べカスや壊れた道具類を捨てた貝塚が、集落の周辺に形成されています。広場を囲む形で環状に立ち並んだ住居の周囲には、環状貝塚や、集落に入る道を空けた馬蹄形《ばていけい》（馬のひづめ形）の貝塚ができました。もっとも、貝

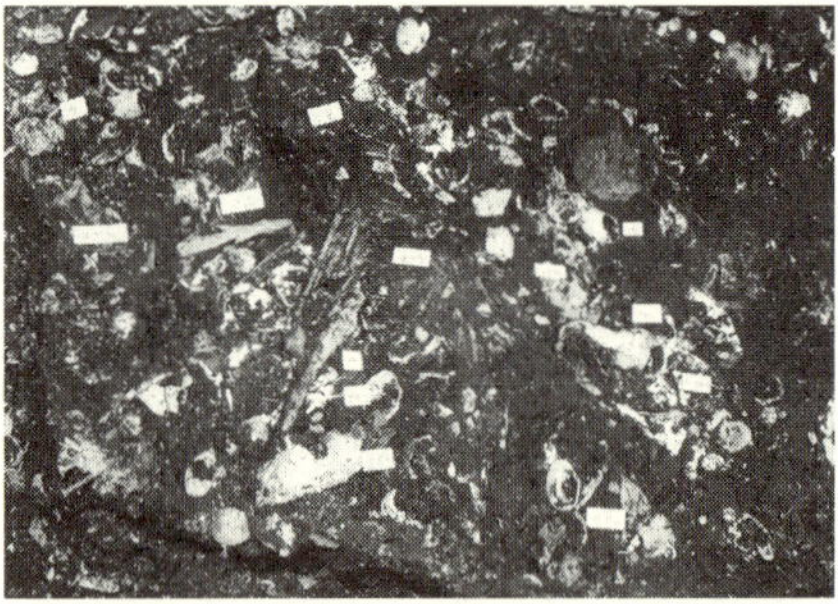

図7　貝塚に捨て・送られた、壊れた土器、貝殻、骨など

塚は単なる捨て場ではありませんでした。そこには、村人たちの亡きがらも埋葬されており、すべての物に感謝をし、それらをカミに返す神聖な送り場でもあったと考えられます。

貝塚は、貝殻や骨を多く含むため、酸性の強い日本の土でも弱アルカリ性、中和状態に近くなります。そのため、通常は数十年で腐ってしまう貝殻や骨角、人骨が、数千年間も保存されており、全国でも約二四〇〇か所しか残っていない縄文時代の貴重な遺跡となるのです。貝塚からは、縄文人の埋葬方法や、身長・性別・姿形・特徴、病気や虫歯などの痕跡《こんせき》がわかります。また、捨てられた骨角器と呼ぶ骨や角などで作った道具類、貝殻や骨などは、当時の生業や食生活、周辺の環境も教えてくれます（図7）。

2　生業の季節性を調べる

アサリやハマグリの貝殻には、それらが日々成長した跡である成長線と呼ぶ筋が残されています。アサリやハマグリは、寒い冬にはほとんど成長しないため成長線が詰まっており、それは年輪のようになります。その数を数えれば、その貝が何年生き、何本目の成長線のときにゆでて食べられたのかがわかるのです。ということは、貝殻の成長線の数を顕微鏡で調べたり、初夏に成長した卵巣が食べられていたウニや、夏冬に渡ってくる鳥、秋に実る木の実などを調べることによって、季節折々の生業や食生活が復元できるのです。また、強い火を受けてバラバラに壊れた、内側をよく磨いた文様のない、海水を煮詰めて塩を作る専用の土器（製塩土器）が縄文時代の後期末に使われ始めますが、その頃の塩作りも夏の天日の下で行われていたと考えられるので、製塩土器も夏の季節性を示す物だと考えられます。

3　豊かな内海での魚貝とり

当時の内湾も、波静かで潮の満ち引きが大きく、潮が引いた干潟は、貝を掘り、魚介類をたくさん採集できる天然の生け簀《いけす》だったようです。また内湾は、干満の差を利用した囲い込み漁にも適していました。

南北に長い日本列島各地の海は、海水温や海流の流れが地域によって異なり、海底の地質、深さなどによっても魚介類の種類や量もさまざまでした。

ということは、各地の各時期の貝塚に捨てられた物を回収、つまり発掘してその中身を調べれば、季節的な食生活や魚や貝の採集方法、周辺の海の状況、自然環境が復元でき、それらの変遷などを明らかにすることができます。現在は陸続きになっていますが、私が長年調査に関係してきた宮城県東松島市宮戸島の里浜貝塚を例に、説明してみましょう。

●縄文人の食べカスの調べ方

通常、発掘者が貝塚を掘っていて、目について拾いあげることができる物は、せいぜい一センチメートルサイズの物です。貝塚にたくさん捨てられていた微細な物を、発掘者がいちいち拾いあげることは不可能です。つまり、多くの細かな研究材料が見逃されてしまっているのです。そこで発掘者は、貝塚の土を掘ってもち帰り、土ごと水洗いしま

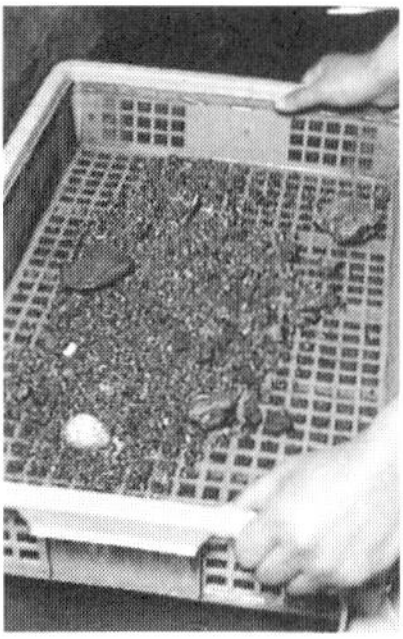

図8　フルイで洗う

図9　里浜貝塚の貝層などの重なり

図10　フルイにかけて水洗い（左上）した貝塚の土

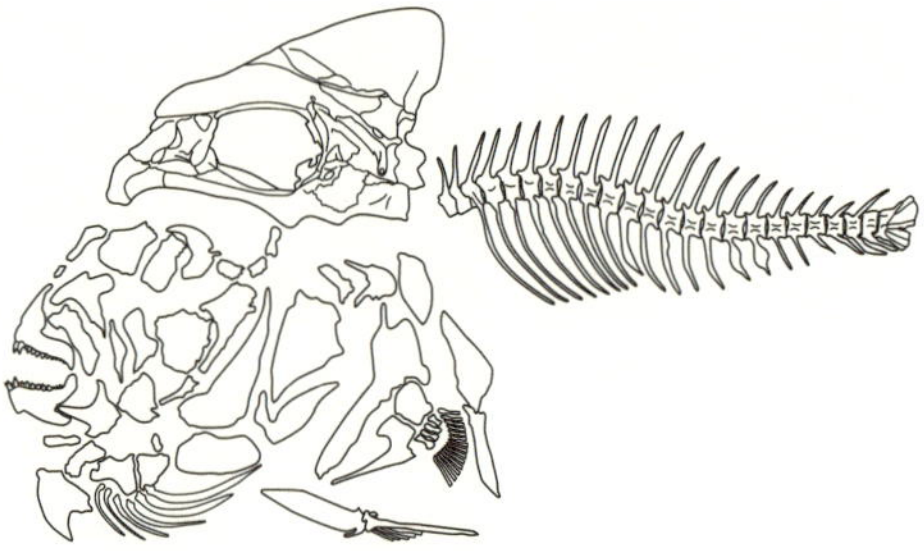

図11　現生マダイの骨格

す（図8〜10）。そうして大きなフルイの上で土を洗い流すと、石屑《いしくず》や砂礫のなかに、白っぽい貝殻や黄褐色の骨、ウニの殻やトゲ、土器の小さなかけらや石器を作るときに飛び散った石片、黒い炭粒など、人が残したごくごく小さな遺物が多量に見つかるのです。そこで発掘者は、これらを乾燥させて、石屑・砂礫の山のなかからピンセットで一つ一つ微細な遺物を拾いだし、種類別に選別して箱に入れます。

貝殻は細かく砕けたかけらが多いのですが、殻頂部と呼ぶ貝殻の「ちょうつがい部分」が残っている物を拾い、魚の骨も関節部や全体の半分以上が残った背骨を一個ずつ拾って、何の骨のどの部分であるかを調べ、貝の殻頂部、魚や鳥獣類の各部位骨にある関節部を左右別々に数えると、どんな貝を何個、どんな魚などを何匹とって食べて捨てたかを数えることができるのです。

なお、貝や魚・鳥獣などの種類を調べるには、縄文時代以来、それらの骨格などは変化していないので、現生動物の標本（図11）を作り、それを比べて判定（同定）するのです。また殻頂部や関節部を左右別々に数えるのは、一個体に一か所しかない部分を数えて真に近い数量を把握するためです。

•里浜貝塚人の生業と食生活

縄文時代の晩期半ば、現在から約二七〇〇年前の里浜貝塚人は、早春の三月に砂礫の浜でアサリをとり始め、現在と同様に三月下旬、彼岸頃には地元でメアカと呼ばれる小型のフグ（ヒガンフグ）が産卵のため内湾の磯に群れをなして押し寄せるため、それらを拾うように集めていたと考えられます。フグには毒があるので現在では調理免許がないと販売・提供できませんが、地元では汁の実にしたり、一夜干しにして焼いて食べています。全国的に見ても貝塚ができた縄文時代の初めから食べられていたことは、フグの歯や骨が出土するので明らかです。

次いでマイワシや、出世魚で大きくなると呼び名の変わる小型のスズキ（セイゴと呼ぶ一年もの）を、現在も夏までの間に多くとっています。「岩礁（根《ね》）にいる魚《うお》」という意味の地元でネウと呼ぶアイナメは一年中とれますが、特に初夏から秋に盛んにとれます。これらのイワシ、アイナメ、小型のスズキは、この順で縄文時代の宮戸島における漁獲量のベストスリーであり、全魚類の六割を超えています。

つい最近まで縄文人は、釣針やヤス・銛《もり》などで大型のマグロ、カツオ、スズキ、タイ類をとる漁が主体だったと考えられてきました。しかし、先述したように貝塚の土をもち帰り、水洗いして小さな骨を選びだして観察すると、小型魚を内湾で多量にとっていた実態が明らかになってきたのです。このような磯に寄ってくる小型魚は、干満の差を利用して磯に石垣や柵列《さくれつ》を立てて囲い込んだり、浅瀬に残った物を拾い集めるようなとり方をしていたと考えられます。

四月から五月には、宮戸島の野山にはたくさんの山菜が芽吹きます。しかし、現在の島の人びとは山菜にはほとんど目もくれません。どうしてかと尋ねると、春の海にはワカメ、ヒジキ、ノリなど美味《うま》い海藻が、たくさんあるというのです。またサクラの花が咲く四月末頃から、シャコがたくさんとれます。「フジの花が咲くとアイナメ、マダイ、クロダイが岸に寄ってたくさんとれる」と今でも漁師さんが花暦で言いますが、それは縄文時代から同じだったようです。

アサリは、里浜貝塚人が最もよく食べた貝で、食べられていた貝類全体の七〇パーセントを超えます。貝殻の成長線分析の結果では、アサリは春から秋にとっていたようですが、特に五月から七月にかけて全体の半分以上の量をとっていたようです。また、里浜貝塚には、ほとんどアサリだけの貝殻の層が、繰り返して堆積しています。これは、毎年この時期に保存食として大量にアサリをとり、ゆでて天日干しした干し貝作りをしたためだと考えられます。次に多い貝は、岩場に群生する小型巻き貝のなかで最も多くとられたスガイという貝で、全体の一六パーセントを占めます。こちらは、アサリと違って一年中平均して採取していたようです。スガイは一・五センチメートル前後の小さな貝です。おいしいのですが、肉量もごく少なく、いちいちほじくって食べるのが大変なためか現在は食べている例を知りません。貝塚から発掘されたスガイは五ミリメートルほどの蓋も残さず捨てられているので、縄文人は恐らく、殻ごとスープにして塩味と出しをとっていたのでしょう。

縄文人はほかにも、ハマグリ、マガキ、オキシジミ、オオノガイ、シオフキ、カリガネエガイなどの二枚貝、クボガイ、レイシ、イボニシなどの巻き貝など、それぞれは全体の一パーセントにも満たないのですが、多種類の貝をとっていました。これらも味はよいのですが、ハマグリやマガキを除いて現在のマーケットにはまれにしか並ばない珍味です。縄文人は、季節に従い、それらの旬の時期に周りの自然から実に多様な味を得ていたのです。ちなみに、今では商品価値があって珍重されるアワビやヒメエゾボラは、肉量があるにもかかわらず、なぜか少量しか採取されていなかったようです。なお後者は、殻が割れていることが多く、中身をとりだして生のまま食べていたのかもしれません。

一方、初夏には丸木舟で少し沖に出て、地元で「袴丈《はかまたけ》」と呼ぶ体長一メートルに近い大きなスズキを、大型の釣針や組み合わせ式のヤスでとることもあったようです。スズキは、今でも宮戸島の代表的な魚で、夏の七月から一〇月末までに、おもに定置網でとり、市場で高く取引しています。仙台湾における縄文の後・晩期を代表する漁具で、また、燕《つばめ》の尾の形に似ているので燕尾形《えんびがた》と呼ぶ鹿の角で作った離れ銛が発見されていますが、これを用いてスズキやマグロなどを夏に突いていたのでしょう。六〜七月に食べるウニが今でも名産品ですが、貝塚からもその棘《とげ》や殻がたくさん出てきます。一方で、かつて松島湾はウナギも名産品でしたが、今はほとんどとれません。しかし、貝塚からは、全魚類の三パーセント強にあたる量のウナギの骨が出土していて、魚類のなかでベストテン入りしています。かつては夏に、マダケを切って節を抜いた、「タガッポ」（竹壺の意味かと思われる）と呼ばれる筒を二本束にして海底に沈め、ウナギやアナゴをとる伝統的な漁法がありましたが、これも恐らく縄文時代以来の伝統だったのでしょう。また、五～八月に松島湾では、木の枝葉を束ねて海に沈め、その下に入ったエビや小魚をとるナラッパ漬けと呼ばれる漁法や、カジメ（海藻）を同様にして束ねた漁法もありました。

初夏から秋までは、海面の表層をサバやアジの群れが回遊して内湾に入ってきます。また秋に海水温が下がってくると、アイナメ、マアナゴ、ソイの類がよくとれるようになります。これらの漁獲はいずれも磯での囲い込み漁が主体だったと考えられますが、アイナメやソイの類は岩場に潜ってヤスで突くことも多かったと思います。特に九～一〇月は、アナゴとハゼの季節です。地元ではハモと呼ばれるアナゴは、筌《うけ》を沈めてとっていたと考えられます。一方のハゼは、テグスの先に餌（ゴカイ）をたくさん貫通（ジュズコ、数珠）させた竿《さお》を片手で舷《げん》に下ろし、片手で舟を操りながら釣ります。餌をくわえたハゼを引きあげ、その勢いで舟の上に落とすジュズコ釣りと呼ぶ漁法です。これも、かつては一日で一〇〇匹もとれた伝統的な方法です。同様の漁法でハゼは縄文時代にもたくさんとったと思われますが、ハゼの骨は、わずかしか見つかっていません。ハゼの背骨はごく小さな物ですから、あるいは身ごと食べてしまったのかもしれません。

また夏から晩秋にかけては、少なくとも江戸時代からサケ漁が盛んなシーズンでもありました。ご存じのように特に東北から北海道はサケがたくさんとれ、歴史や民俗にはサケがよく登場し、アイヌ民族にとっても大切な保存食として主要な産物でした。サケの骨は柔らかく、頭から尾まで食べられますし、アイヌ民族はサケの皮で衣服や靴を作っていました。

しかし、貝塚から歯や骨が出てもわずかなので、縄文時代のサケ漁について考古学者は否定的でした。一方で縄文人は「サケ・マス」を主要な食料としていた、とする説もあります。最近は遺跡からもサケ漁用と考えられる、組み合わせ式のヤスやアイヌ民族が用いたマレク（魚突鉤銛）に似た角製のカギが発見されてもいます。また、炉や土坑（地下式の穴）に残された焼けた土や灰のなかから、多くの焼けて灰白色になったサケ科の魚の歯や背骨の破片がフルイにかけて発見されるようになってきました。縄文人も、内陸河川はもちろん、沿岸部や河口でも産卵・遡上《そじょう》前のサケをとっていたようです。

また里浜貝塚からは炭化した木の実も発見されました。これらは、クリ、ハシバミ、トチノキの実ですが、焼かれて炭になったために残っていた物です。クルミも含めて現在の宮戸島にいずれも自生していますし、秋には収穫して保存食料にもされたはずです。

青森市の三内丸山《さんないまるやま》遺跡では、シャコの下顎《したあご》やイカ・タコの頭部の硬い部分が発見されています。また、里浜貝塚でも冬から春にとれるスクモガニと呼ばれる毛ガニの仲間や夏にとれる地元でワタリガニと呼ぶガザミの爪が発見されています。これらの食べカスは、めったに残らないものですし、食べカスが残らない種類のイカ、ナマコも、昔から地元では盛んに食べられていましたから、イカ、タコ、カニ類、ナマコなども、縄文時代以来食べられ続けてきたと考えるのが妥当ではないでしょうか。

今日、冬に海へ出ることはなく、沿岸漁業はお休みです。これは縄文時代も同じだったようで、冬には貝塚は枯れ草に覆われ、薄く土が堆積したようです。一方で、島ではアカアシと呼ばれる冬の渡り鳥であるケイマフリやガン・カモ類、ウミウなどをとり、冬に脂がのるシカやイノシシを年に一、二頭程度狩っていたようです。そして鹿の角やまっすぐで長い足の骨は、漁具や骨ヘラ・針などの素材に、イノシシの牙《きば》は腕輪や額飾りの材料にされていました。捕獲した以上は、獣にも感謝をこめて隅々まで利用し、大切に扱っていたようです。

4　初歩的な養殖、塩の生産

東京都北区の中里貝塚は、縄文時代中期のハマグリとカキの殻剝《む》き加工場でした。浜辺に浅く掘りくぼめた穴で貝を蒸し焼きにして身をとり出し、ハマグリは春から夏に天日で干し貝を作っていたようです。そして、その貝殻は多量に捨てられ、一キロメートルにわたって高さ最大四・五メートルの小山「貝塚」が作られたのです。集落から離れた浜辺に作られたこのような貝塚は、東海地方や古東京湾沿岸で発見され、「ハマ貝塚」と呼ばれています。また中里貝塚では、浜辺に打ち立てられた杭にはマガキがたくさん付着しており、初歩的なカキの養殖をしていたと考えられています。

また縄文時代の後期後葉、今から約三五〇〇年前には古霞ケ浦《こかすみがうら》沿岸や青森県八戸周辺で、海水を天日で濃縮して塩分濃度の高い鹹水《かんすい》を作り、専用の文様のない薄手に作った土器を浜辺に設《しつら》えた炉に並べ、薪を焚《た》いて煮詰めて塩を作り始めました。引き続き縄文晩期には、東海地方、いわき海岸、仙台湾、三陸、陸奥湾《むつわん》などでも塩を作るようになりました。干し貝、塩作り、カキの養殖など、海でも手工業的な生産が始まっていたのです。

5　現代にも息づく縄文の漁

縄文時代は、先述したように波静かな内湾で貝を掘り、海藻などの磯物もとって、季節的に回遊してくる小魚の大群を一網打尽にする「待ち」の漁労を行っていました。そこでは丸木舟をあやつり、今日の原型となった漁具も出そろい、カキの養殖、干し貝や塩作りも行っており、まさに海洋国日本の豊かな基層文化が形成されていたのです。また、内陸の河川では秋のサケ漁が盛んだったらしく、湖沼でも石や土器片を加工した錘《おもり》をつけた網、投網、タモ網も使われていました。また、杭を並べ立てて魚群を追いこむエリや水底に沈めておく筌などによる漁法も確認され、河川でも海に似た効果的な「待ち」の漁が行われていたようです。そして縄文時代以降、釣針の針部やヤス先などが鉄製に変わったり、土製の網の錘の形が変わるなどの変化はありましたが、漁業の基本は今も変わっていません。

　里浜貝塚の西畑地点からは、平安時代、九世紀半ばの貝塚も発見されていますが、その構成は縄文時代と同じくアサリが主体で全体の七五パーセントを占め、次いでスガイが一二パーセント、マガキ六パーセント、イガイ五パーセントと続きます。魚類もイワシが最も多く、アジ、サバ、アイナメなどがそれに続き、縄文時代と同じ魚貝類をとっていたことが明らかになっています。

　しかし、明治時代の里浜での漁獲高記録を見るとスズキ、カレイ、ヒラメ、サケ、マグロ、カツオが主体になり、アワビ、ハマグリなどの貝類、テングサ、カジメなどの海藻、ウナギ、イカなどの商品価値のある物が目立つようになってきました。明治時代には、湾口に砂が堆積して湾が狭くなり、海も浅くなって砂や泥っぽくなったため、はえ縄や底引きなど大規模な漁法がとられ、漁場も広がったことに加え商業取引も盛んになり、漁獲される魚介類の種類と量が変化したのです。さらに戦争を挟んで以後は、カキやノリの養殖も加わるなど、大きく変化した部分もあります。

　今日の宮戸島では、ウナギ、マダイ、マグロはほとんどいなくなり、かつては多量に回遊してきたイワシ、アジ、サバも少なくなっています。また深い海にいるタラや砂浜底に住むカレイ、ヒラメは、主要魚のひとつになっています。ただし一方で、ウニ、カニ類、イガイ、ヒジキや天然ワカメなど、ほとんど流通ルートにのらない地元だけで食べられている魅力的な物は、今日でも多く残っています。魚種が変わり、漁獲量が激減したのは事実ですが、豊かな海と漁業の基本は、縄文時代以来、変わっていません。海を守り育て、現金収入を得るためのノリやワカメ、カキの養殖などとバランスを保ちながら、海洋国日本の財産である漁労文化を維持していかなければなりません。

参考文献

岡村道雄『縄文物語 海辺のムラから』朝日百科日本の歴史別冊1、朝日新聞社、一九九四
八戸市教育委員会編『2003是川縄文シンポジウム記録集』東奥日報社、二〇〇四
岡村道雄『縄文の漆』同成社、二〇一〇

工藤雄一郎、国立歴史民俗博物館編『ここまでわかった！　縄文人の植物利用』新泉社、二〇一四
奥松島縄文村歴史資料館編『奥松島――自然・景観・歴史・文化』宮戸・野蒜地域の文化遺産の再生・活用検討実行委員会、二〇一四

第三章　定住を支えた手作り生産と物の流通

一　縄文遺跡間を動いた物

1　装身具やシンボル的な製品

縄文集落を発掘すると、祭りなどハレの日に身を飾る玉類やペンダントなどの装身具が発見されます。ヒスイやコハクなどの玉類、貝輪と呼ぶ貝殻で作った腕輪、石製や粘土を焼いて作った耳飾りなどがあります。これら装身具は、特別な場所でしかとれない原石や原材で作られることが多いため、特にそれがないほかの地域にとっては希少価値があり、特別なステイタスの者しか身につけられなかったようです。個人の好みで身につけることができる今日の装身具とは、かなり意味が違っていました。また階層・職能を表す物には、シカ角などで作った儀仗《ぎじょう》、骨角や石で作った刀形の骨刀や石刀、石棒と呼ぶ男性器を模したシンボル的な石製品などがあり、これらの素材も原産地が限られていることが多いので、他地域から集落に運びこまれたことがわかる場合も多いのです。

2　道具や資材などの生活必需品

北海道から九州まで産地が七十数か所ある黒曜石、東北から北海道南部の日本海側に産出する頁岩《けつがん》、中国四国から近畿《きんき》のサヌカイトなどの良質石材やそれらで作られた石鏃《せきぞく》や石槍《いしやり》、あるいは産地・製作地が限られる磨製の石斧《いしおの》のほか、明らかに遠隔地の土で焼いたため色合や質感が異なり、文様や形も在地の土器とは違った土器や漆塗りの土器など、遠隔地から集落に搬入されたことがわかる物があります。また、産地が限られるアスファルト、ベンガラや水銀朱などの赤色顔料も、遠隔地から搬入されたことがわかります。

海の魚の骨や貝殻、塩を作った専用土器のかけらなども、海から三〇〜四〇キロメートルも離れた山手の遺跡から発見されることがあります。食料や道具の素材が運びこまれたことを示し、海辺の集落と交流があったことがわかります。製塩用の土器片は、塩が堅くこびりついたままで内陸に運ばれ、土器片だけが残ったと考えられます。

函館市の大船遺跡からは、白い珪藻土《けいそうど》の小塊がたくさん捨てられて見つかっています。北海道にはアイヌ語で土の意味をもつトイが地名になった旧戸井町《といちょう》（現函館市）などがありますが、これは食土がとれる場所を示しています。アイヌ民族は、土を鍋料理に入れたりして食べましたが、ミネラルを多く含んだ植物性プランクトンの堆積《たいせき》した珪藻土が食べられていたようです。珪藻土は、世界でもイヌイットやアンデスの先住民が食べ、日本でも食品の増量や味を整えるために使っていました。産地が限られる珪藻土も食べるために集落にもちこまれ、物流の対象にもなったと考えられます。

3　原産地に残された採掘場や加工場と、運ばれた集落

特定の場所でしかとれない物の原産地には、それを採取した跡や粗加工した所が発見され、あるいは原産地周辺にも原材料を運びこんで加工した製作跡が残されている場合があります。また、これら原産地周辺の集落遺跡には、原材料や粗加工した半製品が運びこまれ、ストックされていることもあります。さらに、遠隔地にも原材料や半製品、製品が運びこまれた様子が見つかっています。そして、それらの分布をたどっていくと、各々の流通ルート、運搬手段、集落と集落の関係などが明らかになるのです。

たとえば硬玉・ヒスイは、新潟県南西部の糸魚川《いといがわ》市の姫川上流・小滝川や青海川に原産

地があり、流出した原石はそれらの下流の海岸から富山県の宮崎海岸に分布しています。そして、同市の長者ヶ原遺跡や富山県朝日町《あさひまち》の中期・境A遺跡などで、原石や製作過程品や剝片《はくへん》・石屑《いしくず》などが発見されています。一方、原石や粗加工品、製品は、中期以降の東日本の遺跡で多く発見され、後期後半からは九州・沖縄の遺跡でも発見されています。

また漆製品の場合、ウルシを植えてからの育成・管理から漆液の搔《か》きとり、ナヤシ・クロメ、顔料の混合、布での漆漉《こ》し、何回もの塗布など、時間のかかる複雑な多くの作業・工程があり、それらに用いる道具や工房として使った竪穴《たてあな》建物などのハード面も含め、専門的な知恵と技術が必要な、手作り生産が行われていました。このような漆工は伝統的に受け継がれてきましたが、明治以降の安価な輸入品の台頭、さらには昭和三〇年代からの合成樹脂製品の普及によって、国産の漆製品は、急激に姿を消していきました。

また縄文時代にはアスファルト、ベンガラや水銀朱も、原料を砕いて溶かし、土器で煮て、不純物をとり除いて精製し、小型の土器や貝殻などの容器に小分けにして、遠隔地の集落まで運ばれていました。塩も同様に、海水を天日の下で濃縮した鹹水《かんすい》を作り、それを炉に並べた専用の土器で煮詰めて作りました。少なくともアスファルトや塩作りは、縄文時代からの方法で平安時代まで続いた手工業生産といっていいでしょう。

そして、ここでは、最近にわかに明らかになってきたアスファルト生産を例に、具体的な生産と流通の過程について説明してみたいと思います。

二　アスファルトの精製と運搬、利用

1　アスファルトの原産地

新潟県南部から東北日本海側、北海道の渡島《おしま》半島から石狩平野・宗谷山地の天北《てんぽく》までには、油田地帯が分布し、原油とともにアスファルトが、しみ出しています。これらの内、北海道では江戸末期から明治の紀行家や地質調査者などによってその存在が記され、木古《きこ》内町《ないちょう》の釜谷《かまや》、八雲町《やくもちょう》の山越《やまこし》、森町《もりまち》の鷲ノ木《わしのき》などの油田が今日知られています。

アスファルトは、早い所では縄文時代の前期の初めから、それが漆黒で、粘着性と耐水性をもつため、接着剤、充塡材《じゅうてんざい》、あるいは黒色剤として利用されていました。その産地

としては、これまでに秋田県の潟上市《かたがみ》（旧昭和町《しょうわまち》）豊川槻木《とよかわつきのき》と能代市《のしろ》（旧二ツ井町《ふたついまち》）の駒形が確実視されており、ほかに新潟市新津《にいつ》油田（新津丘陵）や山形県酒田市（旧八幡《やわた》町）の鳥海山南麓《なんろく》の湯ノ台も利用したと考える研究者もいました。

2　アスファルトの精製遺跡

最近、秋田県駒形の原産地から一・六キロメートル沢筋を北東にいった烏野上岱《からすのうわだい》遺跡で、中期末の竪穴建物内でアスファルトの精製を行っていた跡が発見されました。炉の中に据えられた土器には、底に厚くアスファルトが溜《た》まっており、炉近くの床面などからも内部にアスファルトが厚く貼りついた高さ約六五センチメートルの大型深鉢と約三〇センチメートルと二二センチメートルの深鉢が発見されました。これらの土器は、表面が赤く焼けていたり、灰色にくすんだりしていますし、表面の縁には熔《と》けたアスファルトが垂れ、内面に厚くアスファルトが溜まっていることから見て、アスファルト原料を加熱して精製した土器だと考えられます。

また新潟県新津丘陵鎌倉新田の原産地から約一キロメートル西に離れた大沢谷内《おおさわやち》遺跡で

図 12　精製前のアスファルト(左)と多量にアスファルトが付着した土器（新潟県大沢谷内遺跡、晩期）

は、晩期半ばの竪穴建物床や土坑内から、多くは自然木やヨシ類などの不純物を含む薄い板状や棒状のアスファルトが、八七点も発見されました。これらは、地面などに捨てられて板状になったアスファルトの精製カスだと見られます。その総重量は、三キログラムほどと推定されています。また、アスファルトは、深鉢のなかに多量に付着していたり、土器片の内面、あるいは磨石《すりいし》・石皿・台石などに付着しても発見されています（図12）。現在の原産地でも自然木やヨシ類の間にアスファルトがからみついていますから、この場所は、とってきた原材料を深鉢で加熱・精製し、精製カスを捨て、とりだした純良部を塊にして容器などに入れていた作業場だったと推定されます。精製カスが、捨てられて広がり、冷えて板状に固まった物が多く発見された事実が、このことを明らかにしています。アスファルトが付着した磨石・石皿・台石などは、原材料を粉砕するために使われた物でしょう。

なお同じ大沢谷内遺跡の九世紀後半の集落跡からは、長径一五センチメートルの楕円形《だえんけい》の薄板状の植物繊維を含むアスファルトなどが、合計三キログラム以上発見されています。このことは、少なくとも平安時代にもアスファルトが精製されて使われていたことを示しており、『日本書紀』の天智七（六六八）年にある「燃水・燃土」が「越国」から献上されたという記録に相当する候補地のひとつと言えるでしょう。また青森県八戸《はちのへ》市の古代・須恵器壺《すえきつぼ》内の底や新潟市の中世・土師器坏《はじきつき》内にも、アスファルトが厚く残されていました。今後、注意して観察すれば、縄文時代以来連綿として続いたアスファルト利用が明らかになりそうです。

また江戸時代の秋田では、土饅頭《どまんじゆう》状にしたアスファルトを小屋の中で火をつけて燻《くゆ》らせ、出た煤《すす》で油煙を作り、墨や染料・塗料などに使ったそうです。なお明治時代のアスファルトの製法は、塊を数日間、日光で乾燥させ、窯のなかに入れて加熱し、不純物・夾《きよう》雑物《ざつぶつ》をとり除き、型に流しこんで製品とするものでした。アスファルトは道路や橋の上の舗装に使われたり、軍事施設の床や貯水池、農家の土間などにも敷かれました。縄文時代以来、その用途は広がりましたが、その製法の基本は、現代まで継承されたと言えます。

　さらに北海道渡島半島の八雲町野田生《のだおい》1遺跡では、長さ約九センチメートル、幅約七センチメートル、厚さ約三センチメートルを最大とする砂などの夾雑物を含む、表面に凹凸した縞《しま》が波打った板状や棒状のアスファルト塊が、後期中葉の竪穴建物の床や土坑に捨てられた状態で発見されています。これもアスファルトの精製カスと見られ、やはり近くに産地があったものと考えられます。野田生1遺跡から約一キロメートル西にある八雲町山越は、かつてより知られた原油やアスファルト産地ですから、この塊の有力な産地の候補地でしょう。また函館湾に面した木古内町釜谷にも原産地があり、周辺にアスファルト使用遺跡も多く見られますので、この産地も利用されていた可能性があります。

　また津軽地方から青森市内の前期末の石江遺跡や三内丸山《さんないまるやま》（6）遺跡、さらに下北半島の数か所の遺跡から、小型の土器や貝殻に入ったアスファルトやその塊が発見され、アスファルト付着遺物も多く見られます。このような状況は、この地域にもアスファルト産地があったことを予想させ、その候補地は青森市大釈迦《だいしやか》の産地が考えられるでしょう。

3 アスファルトの運搬と流通

・アスファルトの分布から見た流通

アスファルトの原産地から遠い太平洋側の八戸地方から岩手県北部の馬淵川《まべちがわ》、岩手県北部・盛岡周辺から宮城県北東部・石巻に流れる北上川、福島県から宮城県南部に流れる阿武隈川《あぶくまがわ》沿いの集落には、アスファルト付着遺物の集中的な分布地域が認められます。八戸周辺や岩手県北部への供給は、津軽地方あるいは北海道南部からの、陸、そして海伝いの流通によると考えられます。また北上川や阿武隈川沿いにも土器に入れられたり、塊になったアスファルトが分布しています。なお、三陸沿岸から福島県のいわき地方の海岸沿いにある貝塚集落からは、骨角で作った釣針、銛《もり》、ヤス、鏃《やじり》など、多くの漁労具の柄に着装したり、釣り糸に結わえる部分に、アスファルトが付着して発見されています。耐水性をもつことから、固定のための必需品だったのでしょう。このような海岸や川沿いでのアスファルトの分布からは、丸木舟による運搬が想定されます。

しかし、一方で原産地から五〇～一〇〇キロメートル離れると、アスファルトの付着率は急激に低下します。つまり、遠隔地にも運ばれたのは確かでしょうが、同時に、分布密

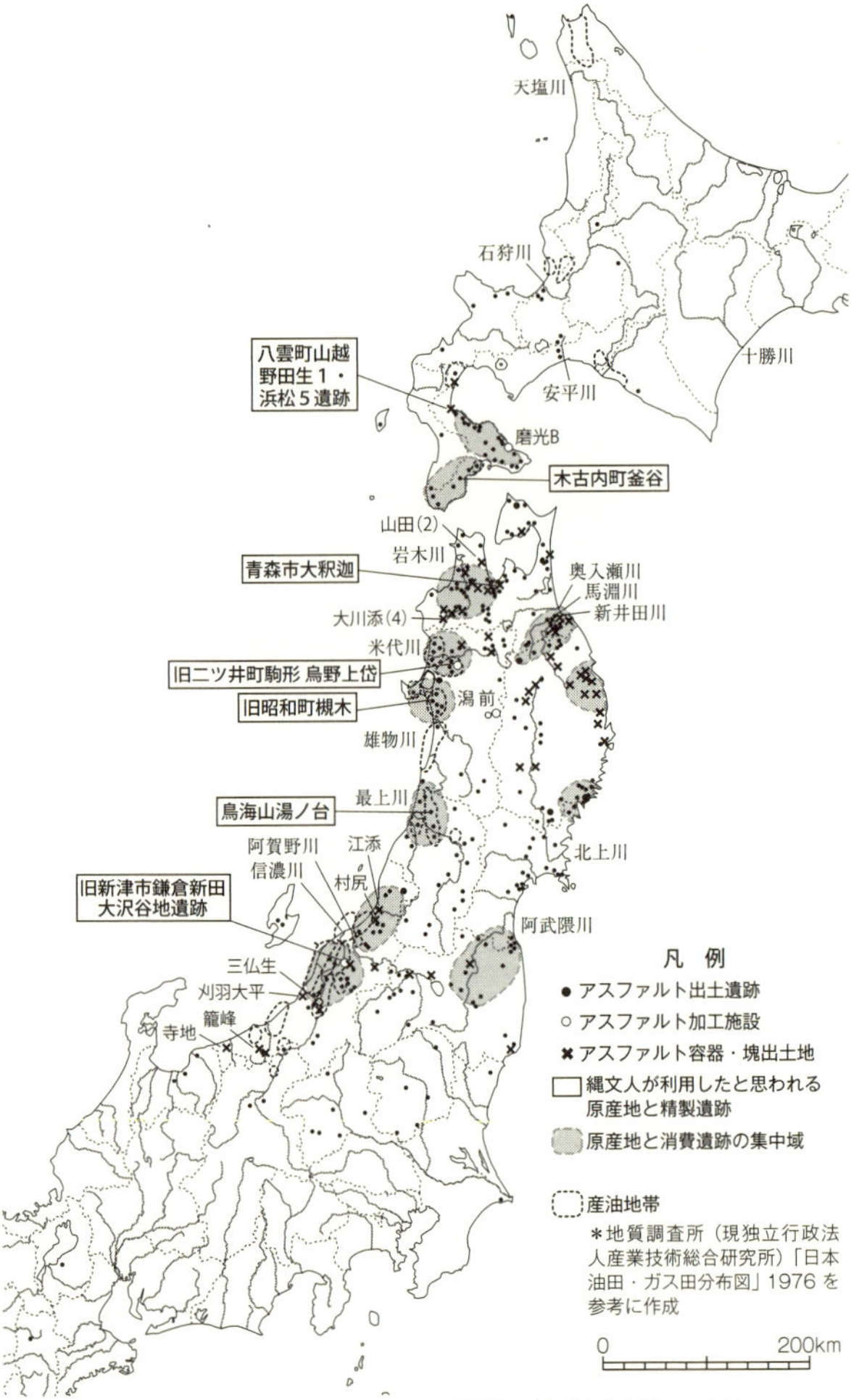

図13 アスファルトの原産地・精製遺跡と消費遺跡の分布

（〔小笠原・阿部 2007〕に加筆）

度が高い圏内の中心部には原産地もあったと考えられそうです（図13）。かつて私のほか多くの研究者が、秋田県北西部の槻木と駒形の原産地利用を前提に推定した、たとえば青森や北海道南部へのアスファルトの大量移出説は、間違っていたようです。このように、今後とも日本海側にアスファルトの産地や精製集落が発見されるたび、原産地、精製遺跡、流通の地図は修正されていくでしょう。なおアスファルトは、さらに南の富山県北部、中部山地、北関東まで点々と広がったと見られています。なかには、ずいぶん遠い所まで運ばれる場合もあったようですが、本当にアスファルトかどうか再検討が必要かもしれません。

•アスファルトの運び方

原産地の近くにある、アスファルトを精製した集落からは精製品が運び出されています。たとえば、北海道の函館市（旧南茅部町《みなみかやべ》）の豊崎《とよさき》B遺跡ではアワビ（図14、中央）、青森県八戸市の丹後谷地《たんごやち》遺跡ではウバガイ、同市中居林遺跡ではアサリの貝殻に入れられたアスファルト塊が発見されています。そのほかにも、旧南茅部町の豊崎N遺跡など多くの遺跡

図14　土器（上・福島県宮畑遺跡）やアワビ（中央・北海道豊崎B遺跡）に入れられ、大型土器片で溶かして使った（下・岩手県御所野遺跡）アスファルト

では小型土器に入れられたアスファルトの精製品が発見されています。また、精製されたアスファルトの塊には、皮袋、編布《アンギン》、笹葉の圧痕《あっこん》が認められることもあり、塊はそれらに入れられ、くるまれて運ばれたことがわかります。

なお、アスファルトの塊やアスファルト入りの土器は、竪穴建物の床から見つかることが多く、アスファルトは竪穴内で加工・利用されていた可能性が高いと考えられます。

・アスファルトの利用

旧南茅部町の磨光《まこう》B遺跡では、後期後半の直径約四メートルの円形平地式建物中央に設けられた大型炉の内部二か所から、アスファルト塊が発見されました。それぞれ直径一四センチメートルと二〇センチメートルほどの塊で、炉で火を焚《た》いた熱で溶かして削りとった痕跡《こんせき》がありました。また岩手県一戸町御所野《いちのへまちごしょの》遺跡の中期後葉の竪穴建物からも、深鉢形土器の大型破片を火にかけ、内側の凹面に置いたハンバーグ形の塊を溶かし、ヘラ状の物で掻きとって使用していた様子のわかる資料が発見されています（図14、下）。同様の例は、秋田県の後期後葉・漆下遺跡などでも発見されています。また、岩手県陸前高田市《りくぜんたかた》の貝畑遺跡では、小型土器に入れられたアスファルトに棒状の礫《れき》が刺さった状態で見つかっています。土器の中で熱く溶けたアスファルトを、棒状の礫や剥片をヘラにしてとり扱っていたのでしょう。多くの遺跡でアスファルトが、べったり付着した礫、土器片、石片が見つかっていますが、これらもゲル状になった熱いアスファルトをとり扱う作業に使われたと考えられます。

アスファルトは、石鏃や石匙《いしさじ》（石製の携帯ナイフ）、骨角製の漁労具に接着材として利用されましたが、ほかにも、破損した土器や土偶などの接合・補修や、腕輪形の土製品の小《しょう》孔《こう》に小玉などをはめ込んで飾る（象嵌《ぞうがん》）際の接着剤にも使われました。また、アスファルトを漆に混ぜて黒漆を作ったり、漆製品の塑形材《そけいざい》にも用いられた可能性が浮上しています。また最近、青森市石江遺跡で、石鏃、石槍、石匙、石斧などの実用品とともに土器に入れられたアスファルト塊が、縄文前期末の墓に供えられて発見されました。北海道恵庭市の西島松5遺跡、青森県八戸市の中居林遺跡、平川市の李平《すももだい》Ⅱ遺跡などでも、墓と思われる穴からアスファルトが発見されています。あの世に行っても使うように供献・副葬された、重要な必需品だったのでしょう。

三　河川、湖沼、海で丸木舟が活躍

縄文時代の漁労や水上交通・運搬には、丸木舟が大活躍していました。全国の縄文早期の終わりから晩期まで、約七〇の遺跡から一二〇艘《そう》ほどの丸木舟が発見されています。長さ六〜七メートル、幅六〇センチメートルほどの両側が立った深い、海用の大型のタイプから、長さ三〜四メートルで幅五〇センチメートルほどの小型の物まであります。滋賀県の琵琶湖《びわこ》東岸、福井県三方五湖《みかたごこ》岸、千葉県の借当川《かりあてがわ》流域の低湿地を広く掘ると、丸木舟が点々と発見されました。借当川沿いの宮田下遺跡や京都府舞鶴市の浦入《うらにゅう》遺跡のように、丸木舟と杭列がともに発見され、川や海岸に繋留《けいりゅう》された丸木舟の様子を彷彿《ほうふつ》させる遺跡もあります。また、大阪湾奥の森の宮遺跡では、かつて海辺だった場所に蔓《つる》を撚《よ》った太い縄を巻きつけた碇石《いかりいし》が二メートルほどの間隔で四点並んで見つかりました。これらの発掘状況は、丸木舟が並んで繋留されて盛んに利用された物流・交通の主役だったことを物語っています。

四　発達していた手作り生産と物流

良質な石材や石器・石製品、漆塗りなどの精製土器、アスファルトや赤色顔料、干し貝・塩などの生活必需品や食品などは、数十キロメートルから二〇〇～三〇〇キロメートルの距離を運ばれて集落に届き、定住生活を支えていました。またヒスイ、南海産の貝製品などについては、一〇〇〇キロメートル以上も動いた形跡があります。さらに、黒曜石は海を渡って朝鮮半島やロシア沿海地方・サハリンまで運ばれていました。実に多くの物が搬出・搬入され、社会関係や集落間のネットワーク、物流網と丸木舟などによる運搬手段などの流通が整い、経済的にも整備され始めていたことを物語っています。

また漆工芸、土器製作、アスファルト精製や製塩といった、干したり、加熱するなど多くの工程・時間と専門的技術や、工房を必要とする手工業的な生産が始まっていたことも明らかです。この点でも、生産と経済の萌芽《ほうが》が認められます。ただし、後期後葉に始まる製塩も含め、加熱によってできる製品などの物流は後・晩期にやや顕著になりますが、大量の需要がなかったためか、専業集団やその流通に専ら《もっぱ》携わる者はいなかったようです。

こうしたことから、経済・流通は、道具や素材・資材などの必要性・需要の高まりによって、工業化・機械化と量産が図られ、専業化が始まって工人が生まれ、専用の作業場・工場が作られるという歴史的発展段階を踏んできたことが理解できます。そして価値を統一する物品や貨幣も誕生し、資本が投入されて展開したと考えることができるでしょう。

参考文献

阿部千春「北海道におけるアスファルト利用」『考古学ジャーナル』第四五二号、ニューサイエンス社、一九九九

福田友之「本州北辺地域における先史アスファルト利用」『青森県埋蔵文化財調査センター研究紀要』第五号、二〇〇〇

滋賀県文化財保護協会、滋賀県立安土城考古博物館編『丸木舟の時代』、滋賀県文化財保護協会、二〇〇七

小笠原正明、阿部千春「天然アスファルトの利用と供給」『縄文時代の考古学6』同成社、二〇〇七

岡村道雄「縄文時代以来のアスファルト採取、精製、流通と利用」『新潟考古』第二五号、二〇一四

第四章　縄文人の心と祈り

一　縄文女性の一生

1　考古学による女性史研究

小学校の高学年の頃、よく裏山の縄文遺跡に通って石器などを拾いました。遺跡の地下に眠っている大昔の暮らしに思いをはせたものです。どんな人びと、家族が、どのように暮らしていたんだろうと、想像していました。しかし、考古学を専攻してからは、遺跡をどのように掘り、出てきた遺物をどのように分析して、図や文章として記録するかが目的のようになりました。考古学は、昔の人の文化を明らかにする歴史学、人間学の一分野であるはずなのに、埋葬された遺体が出土することはあっても、遺跡にあまり「人間」が登場しません。多くの子供たちがいて、大人の半分は女性だったはずです。つまり子供や女性の歴史も明らかにしなければ、縄文人の歴史を明らかにしたことにはならない……。

そう思っていたところ、昭和の終わりに特別史跡「三内丸山《さんないまるやま》遺跡」が注目されて各種イベントが行われ、私はある有名な女優さんと縄文文化について対談することになりました。そこで、女優さんとの対談を興味深く進めるために、彼女には、女性として生まれ、育ち、一人の母親でもある女優の立場から、私が解説する考古学の成果を踏まえて、三内丸山縄文女性の一生、集落の一員として、あるいは母親としての役割などについて考えてもらい、二人でその歴史を現代女性と比べてみることにしました。縄文時代でも女性の生理、性的な分業などは、現代と変わらない共通性があるに違いないと考えたのです。これが、私が考古学的に縄文女性を研究対象にしたきっかけでした。この頃はジェンダー考古学も提唱され、女性の立場から見た考古学の必要性が言われ始めてもいたときでした。

そして最近になり、古事記に登場する女性の役割・活躍を研究し、今は作家として活躍するその女性から、私の男尊女卑的なものの考え方や歴史観への批判をいただき、縄文女性をもっと研究しなさいという、温かく、かつ厳しい励ましを受けました。

ここでは考古資料などに基づいて、縄文女性の歴史を可能な限り実証的に述べてみたいと思います。私が男性であることや、現在置かれた立場による偏見もあるかもしれませんが、これまでの研究成果や情報を提供する本稿が、未来の女性の生き方を創造する素材になれば幸いです。なお、考古学研究者に占める女性研究者の割合は、きわめて少ないです。このことの改善も含めて、今後の女性史研究の発展に期待したいと思っています。

2 縄文女性の誕生から死亡まで

●受胎、出産・誕生、授乳

八ヶ岳山麓《さんろく》など中部高地の縄文時代中期の出土品には、「誕生土器」と呼ばれる、子を産んでいる女体に見立てた深い鉢形の土器があります。山梨県北杜《ほくと》市の津金御所前《つがねごしょまえ》遺跡で発見された誕生土器では、女性の顔形を土器の縁に内側に向けてつけ、それと反対側の土器表面のなかほど、下腹部に当たる位置に円形・楕円形《だえんけい》を表し、そこから赤ん坊が顔を出してまさに生まれようとしています（図15）。また、赤ん坊が省略されて出臍《でべそ》のような突起が表現されている土器の例もあります。これらの誕生土器のなかには、底が打ち抜かれて、男性のシンボルをかたどった石棒とともに、土坑から発見された例もあります。男と女の結合の祭りで、誕生土器の底を石棒が貫いて壊す所作が行われたのでしょう。さらに長野県諏訪《すわ》市の中期・穴場遺跡から竪穴《たてあな》建物内の壁の近くに石皿が立てられ、近くに石棒が斜めに据えられ、その先端が石皿の窪《くぼ》みに向けられていた例が発見されました。いずれの例も、結合・誕生を祈った祭りの痕跡《こんせき》でしょう。

子の無事な誕生、安産は、女性の最大の願いであり、家族、集落にとっても最も大切なことだったと考えられます。大人になった女性は、土偶を作って安産を祈り、そこに乳房を表現することで乳の出を祈った場合もあったと思われます。

図15　誕生土器（山梨県津金御所前遺跡、中期）

縄文時代は、やっと生まれた子供も、一歳頃までに死んでしまうことが多かったようです。遺跡から発見される乳幼児の遺体が入れられた土器棺は、大人の埋葬例より三倍以上も多くあります。これらは、通常は遺体が腐ってしまい地中に埋められた土器だけが残っているので、埋められた土器という意味で、「埋設《まいせつ》土器」と呼ばれます。まとまってたくさん発見されることも多く、子供は生まれても、なかなか順調には育たなかったことを示しています。

狩猟や採集をおもな生業にしている人びとは、授乳期間が長いために妊娠間隔が三年前後に開くので、女性が生涯に産む子供の数は、精一杯産んでも四〜五人くらいと推定する研究結果があります。したがって、乳幼児の半分以上が死ぬと人口を維持するのが難しくなります。つまり、受胎、安産、授乳、子供の成長は、女性にとって最も大きな務め、願いだったと思われます。現代までの長い女性の歴史のなかで、安産や豊かな乳の出を願う絵馬などが多くの神社に奉納され続けてきたことも、そのことを物語っています。

・成長、性徴、成人

女の子は、生理が始まると血に対する穢《けが》れ観などから「コヤになる」などと言われて月経小屋に入り、古代・中世には月帯《けがれぬの》やガマの穂を当てて処理しました。しかし、現代でも赤飯を炊いて祝う風習が残っており、古代以前の大昔は穢れと見ていなかった可能性があります。やがて生理的に大人になった縄文人は、真の大人と認められるための通過儀礼として、男女ともに「抜歯」をしました。抜歯は健康な左右の上顎《じょうがく》犬歯などを抜く、過酷な荒業です。それを耐えることによって、成人になる勇気を示し、また口を開けばよく見える歯の形は成人になったことを明示します。抜歯のある人骨の推定死亡年齢は、若いもので一三歳前後、平均的には一六歳くらいだったようです。つまり、抜歯による成人儀礼は、一三歳前後に始まり、一六歳過ぎまでに行われたと言えます。アイヌ民族の女性は、口周りや手元などにいれずみをしていましたが、それに似た表現が、縄文時代中期からの土偶の口周りにあり、両目の下にもそれぞれ外側に広がる二、三の平行線形が描かれ、両方でハの字形に表現されています。アイヌ女性は、七、八歳からいれずみを始め、一七、八歳までに済ませました。そして一人前の女と認められ、結婚しました。縄文女性のいれずみも同様な意味をもっていたのでしょう。その後、彼女たちは恐らく晴れて結婚となったのでしょうが、縄文時代の結婚儀礼の考古学的証拠については、今のところ手がかりがありません。

なお、先駆的に抜歯の研究を進めた考古学者の春成秀爾《はるなりひでじ》は、婚姻時に下顎《したあご》の切歯か犬歯、夫や親せきが死んだときに第一小臼歯《しょうきゅうし》を抜歯したと分析しています。

・お産と育児、乳幼児の死

結婚した女性は、受胎と安産を祈り、出産の準備をしたと思われます。出産の様子を示す考古学資料には、青森県八戸《はちのへ》市の後期・風張《かざはり》遺跡の国宝「合掌土偶」（座産土偶）や長野県岡谷《おかや》市の中期・目切《めきり》遺跡の手首に貝輪をはめ、壺《つぼ》をもった立産の姿をした「妊婦土偶」（立産土偶）、同県富士見町《ふじみまち》の中期・唐渡宮《とうどのみや》遺跡の絵画土器の絵などがあります。

風張遺跡のいわゆる「合掌土偶」は、腰を下ろして膝《ひざ》を立てて両脚をやや開き、腕を胸の前で拝むように曲げ、両手の指は何かを引っ張るように交互に組んでいます。背筋は後ろに突っ張るように伸ばし、上腕には力瘤《ちからこぶ》、股間《こかん》には誕生の形かと思われるものが線で刻まれています（図16、上）。また、似た形・ポーズをした栃木県栃木市の後期・藤岡神社遺跡の土偶などでは、股間から赤ん坊が頭を出している様子がはっきり見てとれるものがあります。この姿の土偶は、両膝を曲げて座る姿から「屈折土偶」とか「しゃがむ土偶」と言われることもありますが、それらは島根県・滋賀県・和歌山県と関東から東北の後期の土偶にも広く認められます。その姿は、昭和初期のアイヌ民族のチセ（家）で、妊婦が

座産土偶（青森・風張遺跡）

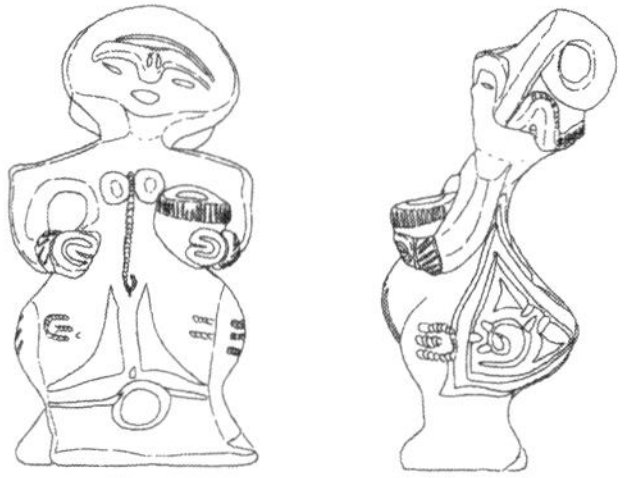

立産土偶（長野・目切遺跡）

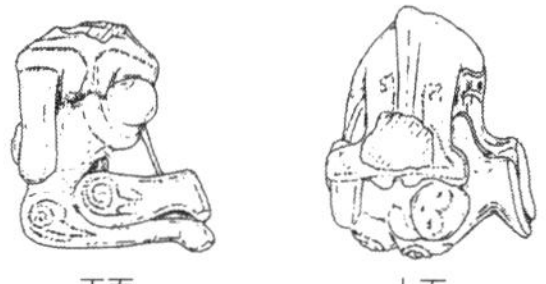

正面　上面

子抱き土偶（東京・宮田遺跡）

図16 土偶に見る誕生から育児まで

炉端の脇《わき》に膝を曲げて天井を向いて寝、梁《はり》から吊るした縄にすがって背を起こして息み（足を開いて息を止めて腹に力を入れる）ながら出産する様子によく似ています。このようなお産を「座産」と言います。妊婦の周りで二、三人の女が助け、一人家に残ったエカシ（おきな、長老）が炉端で火のカミなどに安産の祈りをささげていました。つまり、これらのポーズをした土偶は、座産土偶だと思います。

一方、目切遺跡の土偶は、両足を開いて踏ん張って立ち、右手は何かを丸く抱え込んでいるように見えます（図16、中央）。似た形の土偶は中部山岳地帯でいくつか出土していますし、同様な土偶の形が土器の縁に立たせてつけられている、諏訪市周辺出土と伝えられる例もあります。また唐渡宮遺跡の土器の絵は、両手をやや下に向けて広げ、両足を開き、その間から赤ん坊か後産が垂れ下がっているように見えます。いずれも立って息んで産む「立産」を示していると見られ、立産がこの地域の主流だったのかもしれません。

これらは世界的に共通する伝統的な出産姿勢であり、出産を「産み落とす」とも言いますし、女性の骨盤の傾斜度から見ても自然な分娩法《ぶんべんほう》だったと言われます。しかし、明治政府が明治三二年に「産婆規制」を制定して西洋式教育を受けた助産師を養成し、仰向け

（仰臥位《ぎようがい》）や横向きなどの「寝産」を奨励するようになりました。戦後、昭和四〇年頃からは、病院でのお産がごく一般的になり、座産・立産は、見られなくなりました。

ところで骨盤は左右の腸骨と仙骨が蝶番《ちようつがい》のように接合してできていますが、分娩するときは骨盤が開き、産後にまた閉じます。この開閉のときのひずみは、左右の腸骨の接合面（耳状面下部の凹部）に妊娠・出産の痕跡と見られる「あばた」のような窪みとして残されます。したがって、その痕跡の有無で経産婦かどうかがわかり、その痕跡の強さでお産の回数を分析するという研究が進められています。なお狩猟採集生活を送っているアフリカ南部のカラハリ砂漠に住むサン族の場合、女性の平均的な初潮年齢は、一六・六歳で、その頃に結婚します。一八・八歳で初産、四・〇年の間隔で四・七人の子供を出産し、三四・五歳で最後の出産を経験するそうです。そのほか、縄文人に似ている生活を送ったと推定できる狩猟採集民に関する記録を見ても、多くて七人から八人の子供を約三年の間隔で生涯に産んでいます。つまり、縄文女性の初潮年齢や初産・出産間隔などもほぼ同じだったと考えられるのです。

また平成一四年に青森県が刊行した『青森県史別編　三内丸山遺跡』によれば、広く発掘した三内丸山の集落には、約八八〇基の乳幼児土器棺（埋設土器）と約三五〇基の大人の墓が発見されています。単純な推計ですが、赤ん坊が生まれても四人に一人強（二八・五パーセント）しか生き残れなかったようです。生まれて間もなくから幼い内に死んでしまう乳幼児死亡率は大変高く、乳幼児の死亡は日常的だったと考えられます。さらに縄文人の骨や葬制を精力的に研究している山田康弘が、平成一八年に『縄文時代』第一七号で集成した全国で発見された埋葬人骨、約二五〇〇体の内の約一〇〇〇体の情報をもとに、各年齢階梯《かいてい》別の死亡推定時期の統計をとってみました。すると一六～二〇歳の青年期では、女性の死亡率が三・五パーセントほど高く、この時期の女性の死因のひとつには、やはりお産が考えられるようです。逆に六〇歳を超えた女性は男性より六パーセント多く、今と同じく女性の平均寿命が男性を上回る傾向が読みとれます。

ちなみに女性の数に比べ、縄文時代の前期から晩期を通して見ても、五～七パーセント男性の数が多く見られます。ただし遺跡によって男性が多かったり、女性が多かったり、その数はまちまちです。女性が少ない状況を、埋葬のされ方の差や、間引きによるとの説もありますが、集落人口を支えるうえでも女性が差別されたとは、私には思えません。

一方死んだ子は、再生を願われて土器に入れられ、家の近くなどに埋められました。大人の墓地に埋葬される年齢は、およそ六歳以降だったようです。死んだ子の手や足を粘土板に押しつけて形跡・スタンプをとって焼き、形見にした板状と見られる土製品があるのですが、この手形・足形は一歳くらいまでの子供の物が中心で、数は少なくなりますが七歳くらいまでの子供の大きさの物まであることを考えても、六、七歳という年齢は子供と大人の境だったのでしょう。日本の民俗では、「七歳まではカミの子」と言いますが、これは乳幼児死亡率が高く、多くの子供が七歳まで育たずに亡くなってしまったことを示しているようです。このような状況は、戦後、衛生環境が改善され、医療が発達し、栄養状態などもよくなるまでは続きました。なお、参考までにサン族では、一歳までに二一パーセント、一五歳までに五八パーセントが死亡していました。

また、背中に子供をおんぶした「おんぶ土偶」が石川県かほく市の中期・上山田貝塚で、左胸に赤ん坊の顔を当てて授乳しているような「子抱き土偶」（図16、下）が東京都八王子市の中期・宮田遺跡で、それぞれ発見されています。これは当時の育児の姿を表しているのでしょうが、縄文時代以来、つい最近まで、このやり方は続いてきたと言えるでしょう。

・装身した女性シャーマン

大人の女性の埋葬人骨が、身につけていたと推定される状態で発見された装身具には、櫛《くし》、ヘアピン（笄《こうがい》）、耳飾り、首輪（ネックレス）、貝輪と呼ぶ貝製腕輪などがあります。これらの装身具をつけていた女性人骨は、全女性人骨の約八パーセントに過ぎず、特別な人であったと考えられます。また土偶は女性をモチーフにしていますが、土偶にも、櫛、耳飾り、首輪、腕輪などが装着されている様子が表現され、口元から顎や両目の下に線や突き刺しによるいれずみ表現がある土偶もしばしば見られます。いれずみの習慣は、アイヌ民族の女性に見られますが、縄文女性も同様だったのでしょう。日本のシャーマンの伝統は、女性が担うことが多かったことも考え合わせると、縄文時代にも拠点的な集落には女性シャーマンがいたと推定できます。

・一日の暮らしと役割

母親は、日が昇れば起きて、子供たちにも手伝わせながら、家の中の炉で食事の支度をしたのでしょう。世界の民族例を見ても、古来、子育てと料理は女性の仕事でした。竪穴住居内の炉の脇は女性の座（座る場所）で、調理用の土器や石皿、土器作り用の粘土などが発見されています。石皿は、木の実を砕き、ミンチを作り、ヤマノイモをおろした調理具だったと思います。一方、入り口と反対側の奥には、東日本の中期の遺跡を中心に石棒が置かれていることが多く、そこには祭壇があったと推定できます。このことから、ここは男性の座と考えられ、家の奥は家長の座る場所だったと思います。これは、最近まで囲炉裏の奥側が「横座」と呼ばれ、主人の座であったことにつながるかもしれません。

また、竪穴住居のなかには、トイレもなく、風呂もありませんでした。今のところまったく考古学的な証拠はありませんが、トイレは、野外の川辺や林の中ですませ、風呂はなく、川で身体や髪を洗い、寒いときは、多くの石を焼いて水をかけたサウナも使っていたのではないでしょうか。

世界の食料採集民における女性の役割を見ると、子育て・調理以外には、水くみや運搬、木の実や山菜とり、イモ掘り、貝や海藻などの磯物とり、土器やカゴ作り、機織りや衣服作り・繕い、洗濯などに精をだしていたようです。他方、男性は、狩り、魚とり、鉱物の採集、樹皮加工、舟や石器作りを担当しています。彼らの一日の労働は、平均四時間程度です。特に暇にして、おしゃべりなどにうつつを抜かしていたのは男性のようですが、いずれにせよ、縄文人は私たちと違って、おおらかにのんびりと暮らしていたようです。

●疾病、死因と寿命

埋葬人骨には、骨折が治った痕《あと》がしばしば見られますが、結核や脊椎《せきつい》カリエスは、弥生時代の後期に日本列島に入ってきましたし、ガンや生活習慣病にかかりやすい老齢に達することが少なかったためか、骨から判定できる病気が原因での死亡は、縄文人には少なかったようです。しかし、子供は多く死んでおり、青年期になっても死ぬ人が多く、これらは細菌性の疾患が原因だったと推定されています。先にも触れた山田康弘が集成した約二五〇〇体の内の約一〇〇〇体の縄文人骨データを集計したところ、時期や地域のはっきりした違いはなく、男女とも壮年になる二〇歳から徐々に死ぬ人の数が増え、四〇～五〇歳代の熟年段階では、一五歳以上まで生きた大人の約半分が死亡しています。ただし六〇歳以上の老齢者も男性で三パーセント、女性は九パーセントが生きながらえていたことが明らかになりました。

こうした年齢の推定は、乳歯と大人の歯の生え代わりやそれらの磨《す》り減り具合、関節部の骨化などで判定したものです。これまでは、昭和四二年に小林和正が分析した、約二五〇体の埋葬人骨の死亡年齢推定をもとに、一五歳まで生きた縄文人の平均的な余命は、一六年と言われてきました。つまり三〇歳ちょっと過ぎた頃に、平均的な縄文人は死亡すると言われてきたのです。しかし、資料数が大きく増加した今日、先述したように私が新しく統計をとった結果では、六〇歳まで生きた人も多く、少なくとも集落には三世代が住み、知識や技術などを伝達できていたようで、これは納得できる年齢構成だったので私は安心しました。さらに最近は、骨盤の恥骨結合面の骨棘《こつきよく》や小孔《しようこう》などを観察するより精度の高い方法で、長岡朋人《ともひと》が岩手県貝鳥貝塚や千葉県祇園原《ぎおんばら》貝塚など九遺跡から発見されていた

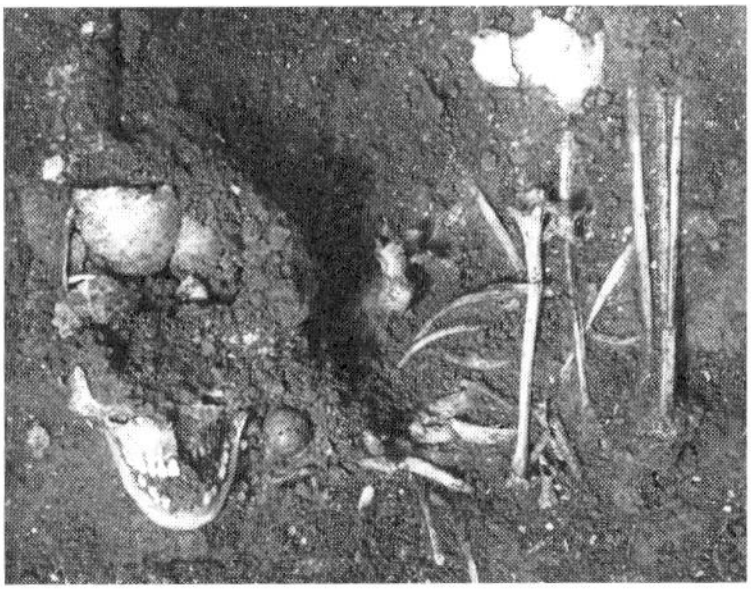
図17　埋葬されたポリオの女性人骨（左：頭部、右：手足など。北海道入江貝塚、後期）

八六体を再調査した結果では、六五歳以上が三二・五パーセントもいたと報告されています。食料採集段階の私たちの祖先も、世界的な長寿を記録していたのかもしれません。

ところで、北海道洞爺湖町《とうやこちょう》の後期・入江貝塚では、ポリオ（小児麻痺《まひ》）にかかって立って歩けなかった女性（図17）が、二〇歳前くらいまで支援を受けて元気に暮らしていたことが明らかになっています。彼女は、家族や集落の人びとに介護されて天寿を全うしたのでしょう。同様のポリオ人骨は、栃木県の前期・大谷寺《おおやじ》洞穴遺跡や岩手県の晩期・中沢浜貝塚などでも確認され、縄文時代の早い時期から福祉が始まっていたことがわかります。我々の方が、縄文人に見習わなければならないようです。

二　女の願い、祈りの土偶

1　縄文文化を代表する祈りの道具

土偶は、祈りの道具と考えられる、縄文文化を代表するヒトガタの焼き物です。しかし、その使われ方や意味などについては、長い間議論の的となってきました。特にその使われ方に定説は今でもありません。また、それだけに解釈・想像が先行して、なかには観念的な議論も多く見られます。そのため私は、これまで敢《あ》えてこうした議論に近寄りませんでしたが、近年では、土偶を研究しない限り縄文人の心、文化には近づけないのではないか、と思うようになり、考え方を改めました。そこで、ここでは考古学的な事実を中心にして、土偶について考えてみたいと思います。

2　何のために誰が作り、どう使ったか

まず、土偶が何に使われたかについて、結論から述べてみましょう。私は、「シャーマンの形をカミ・精霊のイメージを含めて女神像として作り、それに受胎・安産、子の成長、厄払い・家内安全などの集落全体や家族・女性の願いをこめて祈った物が土偶で、そして使用に耐えなくなった土偶を、周辺集落の人びとが拠点集落に持ち寄って『送り』や祭祀《さいし》を行った」と考えています。

土偶には、食料採集民である縄文人が「土偶は母性を備えているという特性をもつので、

に発展的にさらに、とか「受胎、死、再生の輪廻《りんね》をもつ祭式、農耕の地母神として用いた」とか、さらに発展的に「豊穣《ほうじょう》を願い、併せて子孫繁栄・安産なども祈願した女性の守り神」と考える説もあります。またその姿や形から「性を超越した霊力の実態」であり、破損した土偶が多いことに注目して「病になった部分を土偶に肩代わりさせて壊して治癒を祈った」とか、「バラバラにして蒔いて作物の豊穣を祈った」などの説もあります。ここでは、考古学的に見た土偶のもつ特徴を以下に分析して、こうした説の根拠を探ってみたいと思います。

なお、権力者が男性の専門工人を抱えて須恵器《すえき》や陶器を作らせるまでは、世界の民族例を見ても、女性が土器を製作するケースが圧倒的に多く見られます。また弥生・縄文時代の代表的な研究者の一人であった佐原 真《さはらまこと》は、女性でなければ細い壺の口に手を入れて内部を成形することは不可能であるとか、土器の表面に印された爪痕が華奢《きやしや》な女性のものである、といった証拠から、土器は女性が作ったと主張しています。私も、多くの民族では女性が土で土器などを製作すること、土器と土偶は文様や製作方法が共通すること、土偶に見られる性的表現が男性の眼線や意識によるものではないと考えられることから、土偶も女性が作ったと考えています。

3　土偶に見られる考古学的事実・特徴

●大きさと使われ方

土偶の大きさは、大・中・小の三グループに分かれるようです。東日本縄文文化の代表的な研究者であった私の先輩である林謙作は、大きさ、作りの精巧さ、簡略な表現などに差があることから、大・中・小のグループごとに役割が違うと述べています。

大型は四五〜二〇センチメートルにまとまり、中空の遮光器《しゃこうき》土偶、国宝になった北海道函館市の著保内野《ちょぼないの》遺跡の「茅空《かっくう》」、長野県茅野《ちの》市の棚畑《たなばたけ》遺跡の「縄文のビーナス」、山形県舟形町《ふながたまち》の西ノ前遺跡の「縄文の女神」などがその代表です。これらは、大きさから見て集落総出での祭祀に使われたのでしょうか。

中型には一二〜八センチメートルが多く、粘土の塊で頭・手・足・胴体・脚などの部分を作り、それらを寄せ集めてくっつけた遮光器土偶、層状に粘土を重ねた板で顔から胴体・脚部の本体を作り両手をくっつけた板状土偶、「座産」などのポーズを表した屈折土偶などがあります。これらは、片手で握れる大きさであり、立てて使うこともできないことから、家族や個人の祭祀・祈りに使われたと考えられます。

また小型は、六センチメートル前後で、ひとつの粘土の塊から作った素朴な手づくね土偶や、より抽象的なX字形土偶、三角形土偶など、ヒトガタをしたさまざまな物です。これらは、大きさや簡略化された表現などから考えて、個人の祈りに用いられた物でしょう。

•乳房、妊娠などの女性表現

土偶の大きな腹部や腰、妊娠のときに現れる胸から下腹部にかけて表現された正中線は、女性の妊娠時の特徴をよく表しています。そして乳房は、特に大きく立派に表現されることも多いのです。たとえば滋賀県と三重県で発見された日本最古の草創期の土偶二点は、頭・顔、下半身を表現していませんが、立派な乳房があります。その後の関東、東北・北海道の早期の土偶でも、胴体に乳房だけが表現される物が多く、中期以降の土偶にも丈の小さな物に乳房だけを表現した例が多く見られます。

このことから、土偶にとって乳房表現は重要だったと考えられます。つまり、女性の豊かな乳の出は、縄文人にとって大きな願いのひとつだったと考えられるのです。なお、股間など下半身に女性表現があることは少なく、表現されていてもほとんど抽象的です。

●仮面、装身具をつけたシャーマン

縄文後期になると、九州では貝殻製、徳島・大阪・新潟・長野以北の本州までは土や皮製の仮面が使われるようになりました。皮製の物は、今日では腐ってしまっていますが、皮製の仮面本体につけた土製の耳・鼻・口が発見されています。長野県茅野市の中ッ原遺跡の土坑墓から発見された土偶には、顔面に仮面を当て、ひもで頭部に結わいつけている、仮面装着の様子が明瞭《めいりよう》に表現されていました。また、同県のほかの遺跡や山梨県の遺跡からも、中ッ原遺跡の土偶と同様な仮面装着状況が表現されたものが出土しています。

また先述した「合掌土偶」や岩手県盛岡市の萪内《しだない》遺跡から出土した後期の巨大土偶頭部には、耳・鼻・口がつけられた皮製の仮面と思われる表現が見られます。顔面の平坦な表現や、顔面から少し突き出す平坦な部分を仮面表現と考える研究者は、これらの好例が出土する以前にもいましたが、結果的には正しい指摘でした。

土偶は、頭部にはヘアピンと櫛、両耳には耳飾り、手首には腕輪、首には連珠・ネックレス、足首にはアンクレットなどがつけられている例が見られます。また、頭部には羽根飾りを挿しこんだと思われる孔《あな》が、並んで見られる場合もあります。この孔は、土器などに描かれた人体文頭部の羽根飾りの表現から、土偶にも羽根飾りをつけたときの孔と考えられます。これらは、特に後期以降の土偶に多く、仮面をかぶり、装身具をつけたシャーマン表現と見られます。また、羽根飾りをもつシャーマンと考えられる人体表現が土器に描かれるばかりではなく、三内丸山遺跡のように同時期の土偶の形が、土器に貼りつけられる場合も見られます。これらはいずれも、土器の人体文や貼りつけられた土偶形、また土偶そのものも、シャーマン・精霊・カミをイメージした物だったと考える大きな根拠です。

また、土偶の顔面から胸の位置には、円形の窪み（凹）がしばしば見られます。これは祭祀具と言われている岩版にも多く見られ、北海道大学の縄文研究者である小杉康は、岩版に見られるその窪みに注目し、そこにしばしば強くなぞった傷跡が重ねて見られることから、これらを、祈り・願いをこめてなぞったものだと考えています。土偶や岩版に見られる窪みは魂や心を表現し、そして、それらもまた祈りの対象だったのでしょう。

・姿勢、ポーズ

「合掌土偶」や「屈折土偶」「立産土偶」が、お産の姿勢を表していることは前に述べましたが、この姿の土偶が後期から晩期の広い地域に見られることは、こうしたお産の姿勢が文化圏や時代を超えても土偶がとる普遍的な姿勢のひとつであり、普遍的な祈りの対象であったことを示していると思います。また先述したように、授乳やおんぶ姿の土偶の存在から、育児も大切な事柄だったことがうかがえます。

・赤色顔料を塗る

土偶にはベンガラと思われる赤色顔料が、特に後期以降の物に塗られています。岩手県一戸《いちのへ》町《まち》の晩期・山井遺跡では、四分の一の土偶に赤色顔料が塗られていました。赤色顔料を塗ることは、祭り・祈りの道具に共通することだったと言えます。

4　破損、修復、打ち割りなど

土偶が、バラバラになって出土することから、「土偶は板チョコのように特定の部位で割れやすいように作られていて、病気や痛みのある部分を割ることで自分たちの身代わりにした」との説があります。しかし、小さな破片になった物から、大型の破片、ほぼ完全な物までの数は、土器の破損状況と同じで小さい破片から大きな破片へ、量的には次第に少なくなり、完全な形の物は、ごく少数です。つまり、意図的な大きさに分割したのではなく、土器と同じように壊れている状況です。また、土偶をよく研究している金子昭彦は、大きい物ほど壊れていて、出っ張った所や中が空洞の割れやすい部分がある物ほど割れているると指摘しています。つまり壊れやすい割合、状況に従って、割れるべくして割れているというのです。

私も土偶の割れ方を注意深く観察してみました。その結果、粘土の塊として部分ごとに作った所から剝《は》げたり折れたりしていて、いずれも土偶の作り方と関係する場所での破損が多いことがわかりました。首や手足など、粘土塊の接合面でもげる・とれる・割れている物が多く見られるのです。また、一体的に作られることの多い体幹に見られる割れ口について、三内丸山遺跡の板状土偶約二〇〇点を観察してみました。これらは薄い煉瓦《れんが》のような板状の塊ですが、割ったことを示す凹面、打撃点などは見られず、薄い粘土の積み重ねを折るような破断面のみが認められました。また、私の先輩である、縄文研究者・藤沼邦彦がかねてより主張していたように、破損部がアスファルトで接合・補修される割合（後期の岩手県立石《たていし》遺跡で約一五パーセント、晩期の山井遺跡で二五パーセントなど）も高く、壊すために作った物がかなりの割合で補修されているというのは、「破壊説」に矛盾する事実です。

ただし、土偶などを研究している八木勝枝は、東北地方の後・晩期の土器、特に多くの壺に意図的に突き開けられた小さな孔を発見しています。また、長野県松本市のエリ穴遺跡では、板状の土版を二つに打ち割って平石の上に重ねておいていた例が発掘されていいます。これらは、土偶とは違った祭祀具の霊力・「命封じ」のための破壊と見られます。このような破壊例は後世の土器や焼き物などに連綿として認められる孔を開けたり、バラバラに壊したりする儀礼的な行為と同様だと考えられます。なお、カミに送る前に、霊力を封じ込めるためのこうした破壊は、石棒、石刀、磨製の石斧《いしおの》、ごく一部の中空の遮光器土偶などでも確認できます。

5　多量に出土する集落と出土状態

土偶は、貝塚や「盛土遺構《もりどいこう》」などの捨て場・送り場から、土器のかけらなどとともに捨てられ・送られた状態で見つかります。特別なとり扱いがされていないのが普通です。ただし、長野県棚畑遺跡では竪穴建物の床から、青森県八戸市の後期・風張遺跡では竪穴建物奥の壁際から発見されていることを考えると、本来は住居内で使われていたのかもしれません。なお、風張遺跡の場合、発見者たちは奥壁の棚に祭られていた物が落下したと見ていますが、壊れた左足が二・五メートル離れた床の上から発見されています。このように、土偶は壊れた各部分を意図的に離して捨てたのかもしれません。また中ッ原遺跡や函館市著保内野遺跡などでは、土偶は墓に副葬されて発見されていますから、これらは埋葬された個人が使っていた物の可能性があります。恐らく、その人はシャーマンであり、祭祀具として使っていた土偶とともに埋葬されたのでしょう。

一方、土偶にはまったく出土しない集落ときわだって多く出土する集落があります。三内丸山遺跡の出土数が二〇〇〇点を超えて断然トップですが、次いで山梨県甲州市の中期・釈迦堂《しゃかどう》三口神平《さんこうじんだいら》遺跡が九二〇点、岩手県北上市の晩期・九年橋遺跡が六四一点、岩手県花巻市の後期・立石遺跡で三〇二点、宮城県仙台市大野田遺跡で後期前葉の物が二七〇点以上、岩手県盛岡市の後・晩期の萪内遺跡で二五四点と続きます。もしかすると、周辺集落の人びとが、役割の終わった土偶をもち寄って送りの儀式を行う、今日のどんど焼きのような送り儀礼が行われていたのかもしれません。

6　盛行した時期と地域、土偶型式と文化圏

縄文文化が広がる鹿児島本土から北海道の全域で土偶は作られていましたが、弥生時代になるとやがてその姿を消しました。土器型式や他の祭祀具に見られるように、共通の価値観や祈りの様式をもつことを表す土偶型式、たとえば板状とか十字形と呼ばれる土偶、ハート、山形、ミミズク、遮光器形などが、それぞれ一定地域に広がっており、これらは共通の文化をもった地域集団の広がりを示しているのだと私は思います。同じ価値観や信仰心のもとで、同じ形の土偶を作り、祈るのです。違った形では、ありがた味も、価値も感じられなかったはずです。

また、定住が安定したからこそ、盛大に祭りを行い、心をこめて祈るゆとりが生まれたとも言うことができます。つまり、土偶が盛行した地域や時期は、縄文文化固有の祭祀が発達した地域や時期を示していると考えられるのです。

7　土偶のその後、オシラサマ

晩期の亀ヶ岡《かめがおか》文化において大いに発達した遮光器土偶なども、晩期末になると型式が崩れて衰退していきます。愛知県豊川市の麻生田大橋《あそうだおおはし》遺跡では男女がペアになった晩期末の土偶が出土しています。男の土偶があり、ペアにしていることから見ても、土偶祭礼の本質が崩れています。北海道でも続縄文文化期になると江別市大麻《おおあさ》3遺跡では男女ペアの土偶が出土するなど、土偶本来の様相は大きく変化し、それらはやがて消滅します。

そして時代は新しくなりますが、家のカミとしてその家の主婦が司《つかさど》り、集落や同族の女性たちが集《つど》ってオシラサマを祭る儀式が、青森・岩手を中心に東北地方に分布していました。オシラサマは、長さ三〇センチメートル前後で男女が対の木偶《もくぐう》（木を軸にした人形）が多く、毎年一枚ずつ晴着を意味する布を増して着せます。最古の記年銘のあるオシラサマは戦国時代の大永五（一五二五）年で、それ以上さかのぼるかは不明ですが、土偶の祭祀に通ずる要素が多いように思えます。

三　シャーマンと祭り

1　シャーマンと巫女など

弥生人は、土器や銅鐸《どうたく》などに具体的・写実的な絵を描いています。絵画には、シャーマン・司祭者と思われる姿や祭殿などが見られますが、それらを分析すると、おもに農耕儀礼などの祭りの様子が、復元できると言われています。

縄文人も石や土器に、線書きや粘土の貼りつけ、黒いタール状のもので絵を描いていたことが、明らかになっています。それらの絵は、弥生時代以降と共通する人や建物、魚、動物などを表現しています。人物描写も弥生時代以降と似ている点もあり、多くは女性のシャーマン・カミを描いているようです。また狩人に扮《ふん》した男女が、森のなかで狩猟を行

図 18　人物が描かれた土器片（青森県三内丸山遺跡、中期）と人物を強調した拡大（右）

う祭りの様子も描かれており、クマ形の土製品やレリーフなど、熊祭りを連想させる物や、秋田県の川筋に見られるサケをいくつも大きな石に描いた「さけ石」などは、いずれも縄文時代の祭りを彷彿《ほうふつ》させます。こうしたことから、今日のシャーマンとそれが登場する祭りは、縄文時代までさかのぼるものがあると考えられます。

　シャーマンは、今日の巫女あるいは巫者、恐山のイタコ、アイヌ民族のツスグルあるいはポタラグル、沖縄のノロやユタなどにつながり、東北アジアにもその存在が広く認められます。秋田県でも最近まで葬儀に弓をもった女性が現れ、葬儀の後に死者の霊を呼びだして言葉を伝える「エジッコ」と呼ばれる人がいたそうですが、これも縄文時代に通じる習俗かもしれません。

2 人体文（シャーマン）の登場

青森市の三内丸山遺跡では、中期の終わりに近い約四三〇〇年前の土器の破片に、奇妙な絵が描いてあることに注目が集まりました（図18）。縄目の文様の上に幅一ミリメートルの線で、上下四センチメートル、幅三センチメートルの大きさで人物が、しっかりと描かれているのです。頭・胴・手・足の人体表現があり、さらに頭部上位には羽根飾りと見られる細長い横に延びる二本線、両足には爪先が上に向く履物を履き、右手に弓、左手に矢をもって踊るような姿が描かれていました。これは、東北アジアに住むチュクチ族の毛皮の靴をはいたシャーマンが頭に飾りをつけ、手に細い棒などをもって踊る姿（図19）に似ています。

図19　チュクチ族のシャーマン

図20　人体文が上半分残る土器片
（岩手県御所野遺跡、中期）

岩手県一戸町の御所野《ごしょの》遺跡でも、縄文中期末の羽根飾りをつけた人体文が、土器に貼りつけられ（図20）、同県北上市の後期・八天《はってん》遺跡でも、同様な絵が線描きで土器に表現されています。また同県花巻市の晩期・小田遺跡では、扁平《へんぺい》な小《しょう》礫《れき》に頭に二本の羽根飾り、手に細棒（弓？）をもつ人物が、線で刻まれていました。いずれの人体文もカミに扮したシャーマンの姿を表していると思います。

私は、土偶にもシャーマン・カミをかたどった物が多いと考えています。土偶には、頭部に対になった小孔が認められることも多く、ここに羽根を挿してシャーマンを表したと考えています。なお、土偶の形が、土器に粘土で貼りつけられた例がままあることは先述しましたが、これらは土器に表現された人体、つまりシャーマンだったと推測されます。

また、土器の外面に人の形をした表現（人体文）が描かれたり、あるいは土偶形が対になっている例も、少ないですが関東・中部山岳・北陸までの中期から晩期の遺跡に認められます。対になった人体文には、男女の特徴が表現されていることから、男女が対になっていたことがわかります。一方、東北の土器に表現された人体文も土偶の形に似ており、中・後期に見られます。また、中期末から後期初めの福島と北東北・道南には狩猟文土器の出土が三〇例ほどありますが、狩人に扮した人体文や男女が対になって表現されている例もあります。これらは、豊穣・再生の祭り、神話の場面を表現したものであり、シャーマンが登場する祭りが、想定されます。

なお、現代のシャーマンは、霊魂・精霊・祖霊などと交流・交感ができ、予言や治療・祭祀などを行う者を指しますが、東北アジアから日本でも戦後まで全国各地の村々にそういった役割を担う人がいました。

四　狩猟文土器などに見られる祭り

狩猟文土器は、福島市の和台遺跡など福島地域で縄文時代中期末に生まれたようです。

その後は後期初頭の岩手・秋田両県の北部から北海道南部に分布する十腰内《とこしない》文化の特徴的な祭り用の土器となりました。文様・絵に描かれる人物は、シャーマン・カミと考えられ、弓をもっています。それらの場面を最もよく表している岩手県二戸《にのへ》市馬立《まだち》Ⅱ遺跡の狩猟文を見てみましょう（図21、下）。木の表現（図の左端）の脇でいずれも弓をもつ狩人に扮した二人が登場しています。その内、クマ（図の中央）を狙《ねら》っているのは乳房が表されている女性で、もう一人は女性表現がなく代わって喉仏《のどぼとけ》と見られるものをもつ男性のようです。

シベリアなど北方ユーラシアのシャーマニズムの世界は、神聖な森・林間にあり、日本でも古来からつながるカミの宿る場所である、樹木・森に通じます。この狩猟文も、林間で弓をもつ狩人に扮した男女のシャーマンが、クマを狙う祭りを表したのでしょう。なお、十腰内文化は、環状列石と呼ばれる神聖な石で墓地を祭祀的にきわだたせ、鐸形《たくがた》土製品や三角形岩版・土版、キノコ形土製品などの祭りの道具を発達させるなど、祭祀が最も発達した時期・地域でした。狩猟文の発達も、この文化圏で祭祀が隆盛した一環だったと考えられます。

一方、関東から中部山岳地方・新潟の中期から晩期にかけての遺跡からは、弓矢をもっ

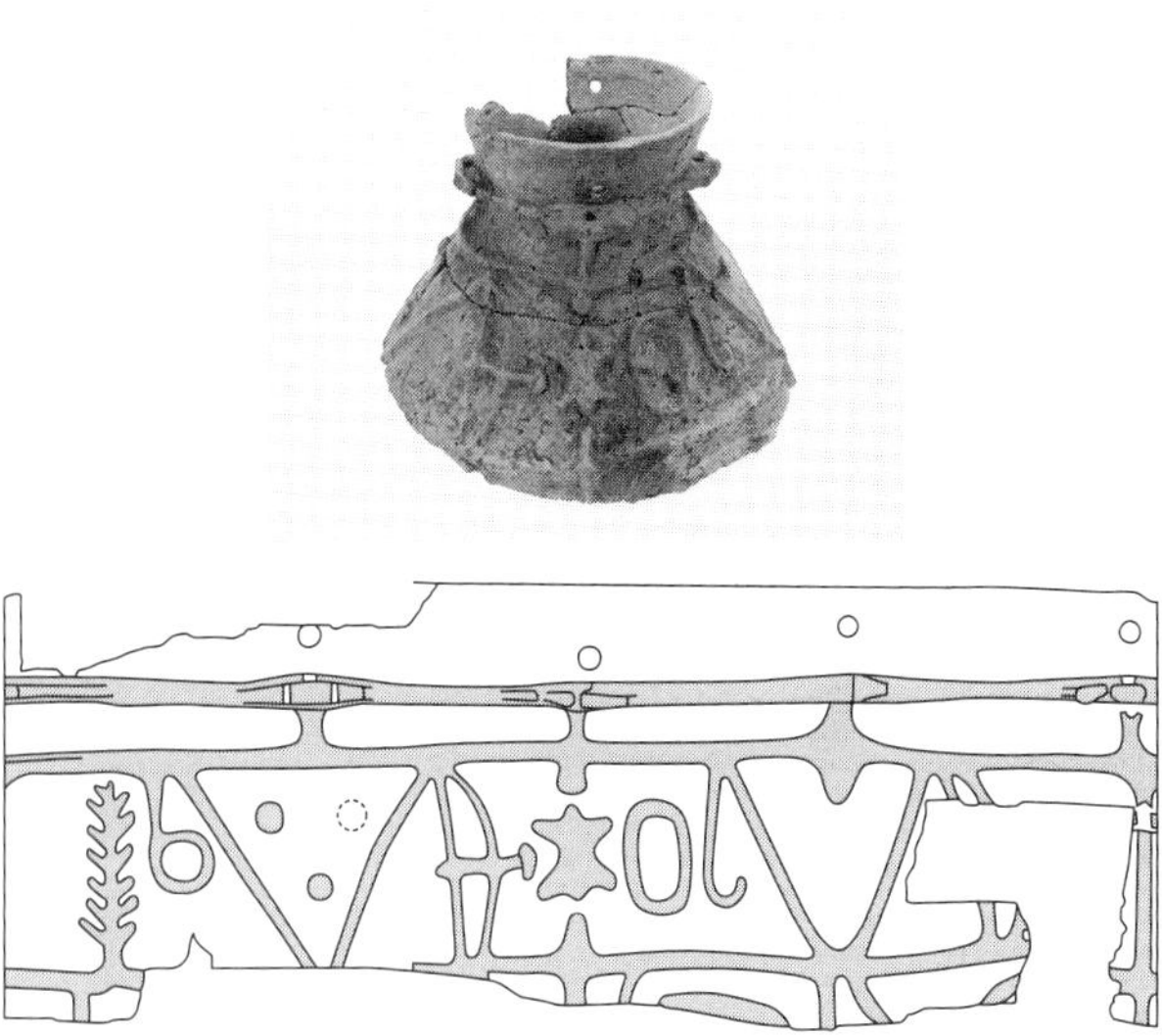

図21　狩猟文土器（岩手県馬立Ⅱ遺跡、後期）と狩猟文の展開図

た人物が線で刻まれた扁平な礫や大きな石が見つかっています。また、新潟県南魚沼市の柳古《りゅうこ》新田下原《しんでんしもはら》A遺跡からは、右手に手盾《てだて》、左手に槍《やり》をもった筒袖を着た人物（狩人）が線刻された板石が見つかっています。馬立Ⅱ遺跡の狩猟文土器に楕円形の輪が描かれていますが、同様に手にもった盾（手盾）を表現しているのかもしれません。また最近発見された、秋田県北秋田市の日廻岱《ひまわしたい》B遺跡の狩猟文土器は、メガホン形の鉢形土器の内部を三つに分けて仕切った珍しい三つ口のある土器です。こ

れは、秋田のマタギが今に伝えている、捕獲したクマの肉や内臓などを三つに分けて祭り・祈る儀礼に通じるという意見があります。

北東北・道南の十腰内文化圏には、内部の底にクマと思われる四足動物が貼りつけられた土器も数遺跡で発見されています。これも狩猟に関する祭りに用いられたのでしょう。ただ、いずれにせよ、貝塚から食べカスとしてクマ骨が出土することはわずかですので、縄文時代の生業としてはクマ猟は主体ではなかったようです。それに反して、土製・石製のクマ形製品やクマのモチーフが後期以降はかなり認められますから、アイヌ民族の熊祭りのような象徴的な祭りが行われていたと考えられます。

五　重要な役割を担った縄文女性

この章では、今も基本的には変わらない人類の生態・生理と考古学的資料をもとに、これまでほとんど言及されてこなかった縄文女性を中心に縄文人たちの一生を復元してみました。縄文女性は、生まれ、成長し、やがて子供を産んで母となり、育て、家庭や集落を支える役割を担っていました。また生業・生活のうえでも、その得意分野で大きな役割を果たしてきました。

しかし一方で、医療も十分でなく、科学も発達していなかった縄文時代では、カミや信仰に頼らなければ精神の安定が得られない、死や災難など多くの悩みも抱えていました。そこで女性たちは、土偶を作って安産や子の成長を祈り、ひいては家内や集落の安泰を祈りました。さらには特に選ばれた女性が、霊力を身につけてシャーマンとなり、集落、そしてときには、広い地域での祭りを司り、祈りを担当し、呪術者としても霊力を発揮するなど、社会的に重要な役割を果たしていたと思われます。祭りでは、祈り・願うのはもちろん、酒や音楽、踊りなどで精神を高揚させ、楽しく人びとが交流し、物や情報が交換され、ときには大盤振る舞いもあったでしょう。つまり、祭りは、団結と平等を維持する大切で魅力的なイベントであり、多くの人が参加し、それをシャーマンが仕切っていたのだと考えられるのです。

羽根飾りをつけたシャーマン・巫女は、縄文時代以降も弥生土器や古墳時代の「狩猟文鏡」や須恵器にも描かれており、祭祀を司っていたと考えられます。今日の神社に残る鳥人の舞いも、その流れをくむものだと思います。

参考文献

アイヌ文化保存対策協議会編『アイヌ民族誌 上・下』第一法規出版、一九六九
福田アジオほか編『日本民俗大辞典』吉川弘文館、一九九九
吉本洋子「座産土偶」『季刊考古学』第七三号、雄山閣出版、二〇〇〇
五十嵐由里子「縄文時代人の出生率」『縄文時代の考古学10』同成社、二〇〇八
山田康弘『生と死の考古学』東洋書店、二〇〇八
岡村道雄『縄文人の祈りの道具』日本の美術五一五号、至文堂、二〇〇九
鈴木隆雄『骨から見た日本人』講談社学術文庫、二〇一〇

第五章　墓・埋葬とゴミ捨て場・「送り場」

一　送りと送り場

1　循環・送りの哲学

アイヌ民族は、この世にあるすべての物は天上のカミガミ（カムイ）が姿を変えた物であると考えていました。それらの生き物や道具、つまりカミガミが、この世での役割を終え、天上に帰る・送る場合は、集落近くの川辺などに「送り場」を設け、幣棚《ヌササン》（野外に設けた棚状の祭壇）をたて、火を焚《た》いて感謝をこめて送りました。考古学的には、北海道の一五世紀から二〇世紀までの遺跡を発掘した結果、アイヌ民族の「送り場」の跡を確認しています。クマ・シカなどの頭骨、動植物の食べカス、鏃《やじり》・小刀・杯・椀《わん》などの道具類、灰・炭や焼け土などが、川辺の大木のもとで送られていました。

また、貝殻が多く送られていれば、貝塚を形成することになりました。縄文時代の貝塚集落も、海辺や湖岸などでの水産物、貝殻などを多く含む「ゴミ捨て場」であるとともに送り場だったのです。

内陸のゴミ捨て場・送り場で、捨てられた土が目立つ場合には「盛土遺構《もりどいこう》」、土器片が多い場合には「土器捨て場」・「遺物包含層」などと呼ばれています。縄文時代の貝塚では、人の遺体が埋葬されて送られることも多く、北海道では「盛土遺構」でも埋葬が認められます。また、北海道アイヌのルーツは、古代に並行する擦文文化までたどれそうですが、しばしばその時期の貝塚からも埋葬人骨が発見されています。

2 「盛土遺構」と貝塚など

縄文時代の集落は、内外に「盛土遺構」と貝塚が見られます。いずれも所定の場所を決めて継続的に、焼け土や灰・炭、残土、貝殻や骨、焼けた骨・堅果類などの食べカス、壊れた・使わなくなった道具が、まとめて捨てられ、送られ、それが長年の間に積みあがってマウンド状の堆積《たいせき》となっています。これら「盛土遺構」や貝塚の堆積の直前から堆積の間、堆積以後も、大人の墓や乳幼児用の「埋設《まいせつ》土器」などと呼ばれる土器棺墓が営まれ、縄文人は送られていたのです。特に貝塚では人骨がよく残っており、「盛土遺構」の場合でもまれに残っています。

このような送りは、竪穴建物《たてあな》（住居）などが廃絶された跡の窪地《くぼち》で行われる場合も多く、そこに貝が捨てられれば竪穴建物内貝塚とか地点貝塚と呼ばれています。なお、「盛土遺構」と呼ぶものには、黒・褐色シルトなどや地山（掘削の対象となる自然の地盤）のローム の塊が多く混じる厚さ一〇～二〇センチメートル前後の堆積層が認められることが多く、また黒・褐色シルトなどと地山のロームは、掘削して盛ったことによって本来の上下関係が逆転して堆積しています。これらは集落などの造成に伴う残土・廃土の堆積と考えられます。同様な状況は、貝塚の場合にも見られ、集落設営・維持のために大規模な土木工事が行われていたことが明らかになっています。

3 貝塚・「盛土遺構」などの「送り場」

「盛土遺構」は、北海道から東北・関東に多く見られます。北東北から北海道では定住が確立した早期後葉から継続して認められ、前期半ばから中期の三内丸山《さんないまるやま》遺跡、函館市の後期・垣《かき》ノ島《しま》A遺跡などのように、大規模で平面的な大きさが一〇〇メートル以上にも及び、高さも人の背の丈を超えるほどになる場合もあります。他方、関東では後・晩期の環状集落の外縁に、集落・竪穴建物群に沿って環状の貝塚や「盛土遺構」が形成され、これを「環状盛土」と呼んでいます。

●貝塚や「盛土遺構」での祭祀《さいし》の跡

貝塚や「盛土遺構」・「遺物包含層」で行われた「送り」では、石組み炉を設置したり、そのままそこで火を焚いたりして、物を焼いて送りました。また、石を円《まる》く並べたり（配石）、海の砂利をまき、そこに送る物・供物を供える場合もあったようです。晩期半ばを中心とした青森県五所川原市の五月女萢《そとめやち》遺跡では、保存状態がよかったため墓のマウンド（土饅頭《どまんじゆう》）や墓標も残っていた多数の墓穴群があり、その脇《わき》の窪地には土偶・石棒などの祭祀具、くびれた石や強く窪んだ礫《れき》などを集めた「送り」の痕跡《こんせき》、さらに貝塚や「盛土遺構」とそこにいたる墓道、付属する掘立柱《ほつたてばしら》建物二棟などが発見され、これらを柵列《さくれつ》が囲む墓地・送り場が良好な状態で保存されていました。また、宮城県大崎市の晩期後半・北小松遺跡でも墓群と「盛土遺構」、祭祀具などの集積がセットになって発見されています。

これらは、墓地で道具や貝殻などの食べカスも送り、祭祀も行った痕跡だと見られます。また、特に東日本の竪穴建物跡の窪地からも、しばしば多くの壊れた土器や石器、焼かれた骨や木の実、焼け土、灰・炭などが発見されます。これらも焼いて送った「送り儀礼」の痕跡だと考えられます。なお、骨や木の実が腐らずに残っているのは、焼かれて炭になったためです。

●貝塚などで発見される「送り儀礼」の痕跡

南九州の山村には、捕獲したシカやイノシシの頭骨を家のなかに吊るす儀礼が、最近まで残っていました。また考古学的には、北海道のオホーツク文化ではクマの頭が竪穴建物の奥に重ねて置かれていたり、中国東北部の新石器文化の遺跡である興隆溝遺跡や興隆窪遺跡では、各種のシカやイノシシの頭骨が、竪穴建物のなかに集められた祭壇のような場所がありました。縄文時代の貝塚でも骨が保存されているため、イノシシやシカなどの骨が集められた同様な祭祀・送りの痕跡が認められます。

たとえば、北海道釧路《くしろ》市の前期・東釧路貝塚では、イルカ頭骨が口先を中心にして放射状に配置されて発見され、送りの典型的な古い例として有名です。また関東でも千葉県松戸市の幸田《こうで》貝塚などでは、前期の竪穴建物の窪地からシカやイノシシなどの骨の集積が発見され、動物の送りが古くから行われていたことがわかります。

北海道では、石狩市の前期半ば・上花畔《かみばんなぐろ》1遺跡でヒグマ骨の集積、伊達《だて》市の前期・北黄金貝塚で角つきシカの頭骨が六個、同市の後期・有珠《うす》ポンマ遺跡でシカ一二体分の第一切歯がまとまって発見されるなど、縄文時代を通じて送り儀礼が盛んだったことがわかります。つまり、海獣猟が盛んだった北海道、クマを特に神聖視していた北海道から東北地方、そしてイノシシは自生しない北海道を除き、縄文時代の主要な狩りの対象だったシカ・イノシシが、それぞれで代表的な祭祀の対象となっていたようです。

また、茨城県ひたちなか市の中期・三反田蜆塚《みたんだしいづか》貝塚の頭を欠いたオジロワシ、宮城県東松島市の晩期・里浜貝塚でも同じく頭を欠いたウミガメ、福島県いわき市の晩期・薄磯《うすいそ》貝塚のアワビ集積、北海道伊達市の二枚対になったホタテ貝殻を三段重ねた後期・有珠ポンマ遺跡での発掘例など、鳥や亀、貝なども「送り」祭祀の対象になっていたことがわかります。

ほかにも、木の実も送りの対象になっていたようです。岩手県一戸町《いちのへまち》の中期後半・御所野《ごしょの》遺跡では、焼いたトチノキの実が石組み炉を広く覆っていたり、掘立柱建物の柱抜き取り穴に詰められていました。また、福島市の中期・和台遺跡でも大量のクリが焼かれて炉を覆っていました。

さらに、竪穴建物の柱穴には磨製の石斧《いしおの》が立てられていたり、合わせ口や入れ子になった土器が入れられているなど、竪穴建物には、焼いて送る・解体する、という形だけではなく、さまざまな送り儀礼があったようです。そのほかにも、北海道七飯町《ななえまち》の晩期・峠下聖山《とうげしたせいざん》遺跡では石器製作の石屑《いしくず》が二つ並べられた石の間に盛られていました。石器や剝片《はくへん》の集積も、「送り儀礼」の対象だったようです。

東北地方の後・晩期では、石棒・石刀、骨刀などの祭祀具、権威・権力を示すことのある磨製石斧・独鈷石《とっこいし》などが、焼かれたり、分割・破壊されて神聖な役割や霊力を封じこめられて送られていたようです。同様の扱いは、先述しましたが、壺《つぼ》などの丁寧に作られた祭祀用の土器や、ごく一部ですが土偶にも小孔《しょうこう》を開けて壊している例があり、これらにもそうした処置がなされたのでしょう。

このように送りの儀礼は早くから縄文文化全体に広がっており、それらは今日でも物を焼いて清めたり、墓地で器を壊したりする儀礼・祭祀に、伝承されていると思われます。

二　死者を送る「葬送」

・東日本各地の埋葬法の違いと変遷

縄文人の大人には、基本的に一人に一穴（土坑）が掘られ、土坑墓と呼ぶ墓が作られました。土坑墓には土坑を掘りあげた土が埋め戻され、本来はマウンドが盛られたようです。早期から中期の土坑墓は、直径一メートル前後の円形のものが多く、遺体の手足と胴体を強く丸めて葬った屈葬と呼ぶ埋葬が多く行われました。

早期後葉になると全国各地に安定した定住集落が成立し、集落の周辺や少し離れた場所に墓地が作られるようになりました。北海道南部、苫小牧《とまこまい》市の早期末・静川5遺跡では、約四〇か所の円形の土坑墓と三四か所の焚き火跡、一か所の剝片集積が残された墓地が、それを残した人びとの集落と考えられる遺跡から約一五〇メートル離れて発見されています。

一基の墓の上には、注ぎ口をもつ土瓶形の注口土器や砥石《といし》が供えられ、底には浅い鉢形の土器や磨製石斧などが入れられていました。男の道具である石斧とそれを磨く砥石、何かを入れて供献した土器が、墓に添えられていたのです。また、早期前半の函館市中野B遺跡では、竪穴建物群の周辺に土坑墓が点在し、墓穴内から石皿と磨石《すりいし》、石錐《いしきり》、敲《たた》き石、磨製石斧、石匙《いしさじ》（石製の携帯ナイフ）などが出てきています。すでにこの頃から遺体には、赤いベンガラがふりまかれるようになりました。つまり、定住の始まりとともに代々の祖先を葬る墓地を営み、送り火を焚き、彼岸での暮らしのために道具を副葬する葬墓制ができあがっていたと考えられるのです。

また函館市の早期前半・垣ノ島B遺跡では、約九〇〇〇年前の大型の墓穴から、遺体は残っていませんでしたが、頭、両肩、両手首、膝《ひざ》から足の位置と推定できる場所から、それぞれ赤漆塗りの繊維製品が発見されました。これは、世界最古の漆製品を身につけたシャーマンの墓と考えられます。また、道東部の標津町伊茶仁《しべつちょういちゃに》チシネ第一竪穴群遺跡からも、前期初めの竪穴住居の入り口に作られた土坑墓から、赤漆塗りの繊維製の耳飾りと首飾りが発見されています。赤漆塗りの祭りの衣装や装身具を身につけたシャーマンがいて、祭りを司《つかさど》り、はらい、祈りで禍をさけ、身体を治し、霊との交感、予言などを行っていたと思われます。

また滋賀県大津市の石山貝塚、千葉県香取市の城ノ台南貝塚や船橋市の飛ノ台貝塚、北海道釧路市の東釧路貝塚など、いずれも早期の例からも、集落の貝塚に遺体が埋葬されるようになったのは明らかです。

北海道の前期では、道南の白老町虎杖浜《しらおいちようこじようはま》2遺跡で集落からやや離れたところに三基の土坑墓が見つかり、三基ともに石匙が見つかっています。また道央の江別市吉井の沢1遺跡や千歳《ちとせ》市のキウス5遺跡でも、土器・石鏃《せきぞく》・石錐・砥石・石斧などの実用道具類が添えられていました。同じく十勝地方でも似たような墓の副葬品が発見されています。

北東北では、前期半ばから円筒土器文化が興りますが、小判形の土坑墓が列をなして並ぶ墓地（列状墓）が、特徴的に見られるようになりました。そこでは遺体の装身具や遺体に添えられた副葬品は、北海道とよく似ていました。たとえば、秋田県大館市の池内《いけない》遺跡や青森市石江遺跡などでは、前期後葉の墓から石鏃、石槍《いしやり》、磨製石斧などの男の道具、石皿や磨石などの女の道具が、見つかっています。さらに富山市小竹《おだけ》貝塚でも前期後半の約九〇体の遺体が貝塚で送り・埋葬されており、石皿と磨石、石錐、敲き石、磨製石斧、石匙などが添えられていました。

つまり、こうした墓では、先に説明した北海道の初期の墓と同様に、前期には北陸から東北までの広い範囲で、あの世でも必要な実用的な道具とその素材が死者に添えられていました。このことから、これらの範囲では当時、来世の存在が信じられていたと考えられます。また、早期後葉から前期の遺跡では、環に切れ目を入れた石製耳飾り（玦状《けつじょう》耳飾り）や石製の管玉《くだたま》や丸玉などの玉類を装着した埋葬遺体が、北海道から大阪まで発見されています。つまり、死出の姿を装って埋葬することも、すでに始まっていたことがわかるのです。

一方、東北地方南部から関東・甲信越では、前期から後期に環状集落が形成された遺跡が多く見られます。環状集落では、中央広場を囲んで墓地が形成され、それを竪穴建物が環状にとり囲み、そこに貝塚や「盛土遺構」がほぼ重なって形成されました。この間、貝塚にも遺体が埋葬されますが、特に中期を中心として竪穴建物のなかから、小貝塚と数体の埋葬人骨の発見が目立ちます。これらは廃絶された竪穴建物に埋葬されていることから、廃屋墓と呼ばれ、そのなかでも千葉県市川市の後期・姥山《うばやま》貝塚は、竪穴建物内から発見された五体の遺体が、フグ中毒死した家族が埋葬された例と考えられて注目されてきました。しかし、埋葬時期に差がある遺体があること、性別や年齢構成が家族だとしたら不自然であること、などの理由から、「フグ中毒」とか「家族」という従来の考えは、現在では疑問がもたれています。これらの遺体は、廃屋の窪地に貝や土器などとともに送られ・埋葬されたと考えるのが妥当です。

なお、中期の北陸から中部高地・関東で、環状集落の中央墓地の一角から、ヒスイ製の大きな玉が発見されています。逆に千葉県銚子産のコハク大珠《たいしゅ》は、山梨・長野の墓からしばしば出てきます。ヒスイもコハクも遠隔地でとれるきれいな希少品であり、墓地の一角から発見される数も少ない副葬品ですから、これらは集落のリーダーに添えられた副葬品だと考えられます。

次に北東北から北海道では、中期後半から土坑の壁を木で囲った木槨墓《もっかくぼ》が見られるようになります。また、後期には墓穴の壁に石を積んで囲った石槨墓《せきかくぼ》、墓穴の側面や蓋《ふた》として石を組んだ石組墓、土坑の上に配石する配石墓、文様をもつ深い鉢を用いた土器棺墓も作られ、丁寧に作られた各種の墓が発達しました。特に多くの配石墓や、まれに石槨墓・石組墓・土器棺墓もとり込んで、直径三〇～四〇メートル前後の環状に配置して石列でつないだ環状列石と呼ぶ様式化・典型化した墓地が、後期の前半に北東北から北海道南部に特徴的に見られます。また、この頃から墓地を集落から離れたところに設営する場合も多くなり、これ以降、晩期までこうした傾向は続きました。これは、逆に言えば、墓地が単独で発見され、埋葬された人びとが住んでいた集落がわからない場合が多くなったことをも意味しています。

一方、北海道道央部を中心に後期後半には、竪穴を掘り窪め周囲に土堤を円形にめぐらせた周堤墓が、特徴的に見られます。千歳市のキウス周堤墓群には、直径二〇～七五メートル、土堤の高さは三～五メートルほどになる周堤墓が残っています。また、周堤墓の全体が発掘された恵庭市の柏木《かしわぎ》B遺跡では、楕円形《だえんけい》の土坑墓が竪穴の底から土堤の上まで発見され、木柱や石柱の墓標が立てられていました。遺体そのものは残っていませんでしたが、墓穴の底に発見された遺物から、遺体には頭を中心にベンガラがふりまかれ、漆塗りの櫛《くし》、ヒスイ製の小玉を連ねたネックレスを装着した女性、磨製石斧や漆塗りの弓・石鏃、石棒を添えられた男性が、頭を墓穴の北西側に向けて埋葬されていたと推定できます。なお、墓群の一角には配石が作られていました。これは、墓地あるいは墓地での祭祀のための記念物・モニュメント、魂の依《よ》り所だったのでしょう。

この地域の後期末には土坑墓群からなる墓地が形成され、恵庭市のカリンバ3遺跡や西島松5遺跡などでは、漆塗りの櫛や耳飾り、ネックレス、腕輪、帯などの装着品をまとった女性シャーマンが、埋葬されていました（図22）。この地域は櫛、腕輪、耳飾りなど赤い漆塗り製品や玉類を装着した女性遺体や、漆塗りの櫛を頭に着けて、石鏃、石斧、石棒などが添えられた男性遺体の割合が高い地域です。このような埋葬法は、晩期になって北海道南部から東北地方の亀ヶ岡文化にも影響を与えました。

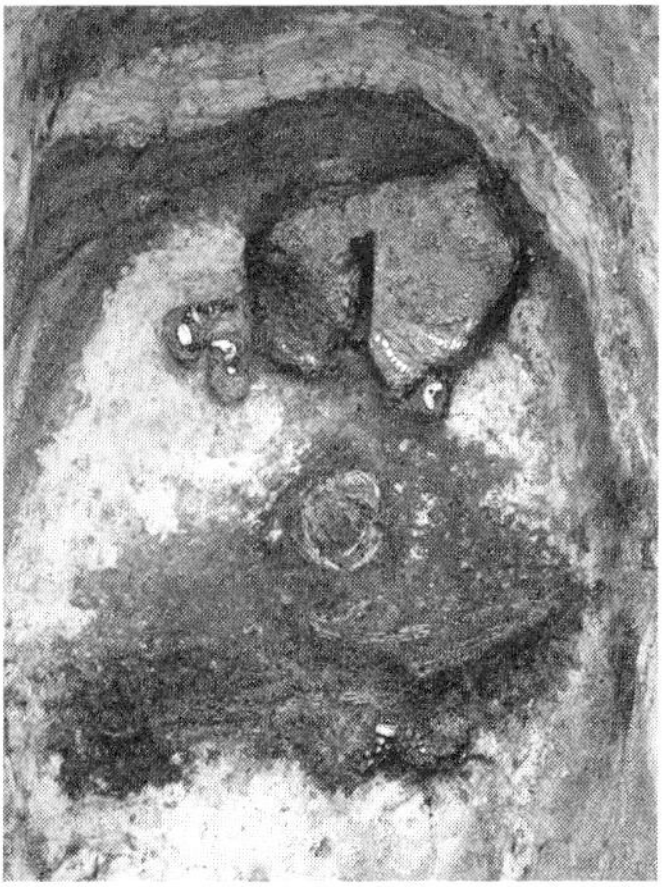

図22　死者に装着された漆塗りの櫛、腕輪（中央）、帯（右上頭部）（北海道西島松5遺跡、後期）

図 23　貝層に埋葬された人（宮城県里浜貝塚、晩期。『特別名勝松島』［宮城県教育委員会編、1970］より引用）

図 24　松本彦七郎による埋葬状況（里浜貝塚）のスケッチ（『現代之科學』第七巻第二号［現代之科學社、1919］より引用）

なお、東北・北海道の中期後半からは楕円形の墓が多くなり、その軸と頭の位置は北から西を向いている場合が多く認められます。日が沈む西方に頭を向け、再生を願ったのでしょうか。

また、貝塚や「盛土遺構」で死者が送られた・埋葬されたことは先述しましたが、東北地方の後・晩期には捨て場・遺物包含層で遺体が送られた墓穴群が発見される場合もありました。

●乳幼児の埋葬

生まれてすぐに亡くなった子や五、六歳までの幼児は、基本的には大人の墓地には埋葬されませんでした。彼ら用の墓は、穴を掘って深い鉢形の土器を埋め、そのなかに埋葬したもので、埋設土器とか小児用土器棺などと呼ばれ、全国的に中期から一般化しました。これらは、前・中期には竪穴建物群の周辺や隣接した「盛土遺構」などから発見されています。また中部山岳や関東では、竪穴住居内に埋められている場合も多く見られます。これは、母の使った土器を母胎または母と見立て、そのなかに納めて日常生活の身近に置

図25　土器に入れて埋葬された幼児（田柄貝塚）

くことで、亡くなった子が母親の胎内に再生することを願ったのでしょう。

大人の墓地から乳幼児の墓が発見されることもありますが、ネックレス、耳飾り、貝輪などを装着している場合が多く、これらは死ななければリーダーやシャーマンなどとしての将来が約束されていた子供だった可能性が考えられます。

三　今に伝わる送りの哲学

縄文人は自然のなかにカミガミが宿っていると信じ、道具、焼け土や灰などまでにもカミが宿っていると考え、自らも自然の一員として生きていました。

この世での役割が終わった物をあの世に帰すときには、集落の周辺に「送り場」を決めて、貝や魚などの水産物や不用になった道具や破片、焼け土や灰、造成した廃土まで、感謝をこめてまた戻ってきてほしいと願ってカミに返しました。そこには、火を焚いて、それらを送った跡(焼け土)もしばしば見られます。

縄文時代以降、基本的に、一人一人が丁寧に土葬され、家族や集落の人びとに送られ山や水底の自然に帰り、自然・カミの循環とともに再生すると信じられてきました。そのため胎児の形、すなわち屈葬の姿勢をとらされて埋葬され、血に見立てた赤色顔料（ベンガラ）をふりかけられ、あの世で暮らすための道具をそれぞれ持たされて死出の旅に出たのです。

現代でも家畜やサケなども供養され、針供養などに見られるように道具も送られ、どんど焼き・左義長《さぎちょう》のように門松、しめ縄、書き初めなどを持ち寄って焼き、送る祭祀も残っています。縄文時代以来、人びとは、ありとあらゆる物に感謝してともに生きてきたのです。東北では「死して山に帰る」と言い、宮沢賢治の童話の世界にも山にカミが住み、霊は山に帰り、動物たちと交感してともに生きる心が描かれていますが、こうしたところにも縄文以来の精神がうかがえます。また、昭和三〇～四〇年代までは、

図26　最近まで土葬が行われた岩手県三陸海岸北部の墓

多くの地域で縄文時代と同様に集落の者によって土葬されて送られていました。

参考文献

宇田川洋『イオマンテの考古学』東京大学出版会、一九八九
岡村道雄『貝塚と骨角器』日本の美術三五六号、至文堂、一九九六

第六章　縄文的生活文化の終わり

一　昭和三〇年代に迎えた大変革

　氷河時代の日本列島に最初に住みついた私たちの祖先は、旧石器時代と呼ばれる時代に遊動生活を送っていました。やがて約一万五〇〇〇年ほど前になると地球規模の急激な温暖化が始まり、日本列島は現在の自然環境・地形、気候風土に近づいてきました。

　その新しい自然環境の変化にあわせて、世界各地では、人びとが定住生活を始めて新石器時代を迎えました。「新石器革命」とも呼ばれる人類第一の画期です。縄文時代・縄文文化も、東アジアの東はずれにある列島のほぼ全体に広がった新石器文化のひとつでした。

　そして約二〇〇〇年前になると、九州から本州北端まで水田稲作農耕・弥生文化が伝わり、少なくとも北陸・関東までは各地に権力や階級が生まれ、政治経済を担う中核地域ができました。日本列島における第二の画期です。土地を造成して耕し、治水・灌漑《かんがい》も必要な水田稲作を主たる生業とし、やがて鉄が伝えられ、土地の獲得や水利権、米の増産などの競争も始まりました。村落共同体を、政治権力が支配する構造が生まれたのです。その後、時代とともに権力の交代、強弱はありましたが、支配地域は北方へ拡大していきました。江戸時代には鎖国政策をとり、最も安定した政治・経済体制が二五〇年余り続きましたが、やがて開国、明治維新を迎えると急激な近代化が始まりました。そして、第二次世界大戦の敗戦からの復興、昭和三〇年頃からの高度経済成長へと向かった日本は、大きな転換期・画期を迎えたのです。これは世界各地の先進国でも同じように迎えた、将来・未来が見通せない第三の大きな画期だったのではないでしょうか。この章では人びとの生活文化の観点から、縄文時代以来の日本文化と昭和三〇年代から変化した文化を比較し、大転換であったことを認識するとともに、その転換を踏まえて将来を展望したいと思います。

1　土地の開発と造成、土木工事

縄文時代も土木工事によって土地を掘削・盛り土して造成し、集落や墓地・環状列石などを設営していたことが最近明らかになってきました。しかし、土地を造成して耕し、治水・灌漑も行って水田稲作を始めたのは、約二〇〇〇年前の弥生時代になってからです。その後はこのような生業、土木技術が基本的には受け継がれました。スキ・クワで土を掘り、石を動かし、修羅（そりの一種）、もっこ、背負子《しょいこ》、荷車などの運搬用具を用い、積みあげ突き固める土木工事でした。ところが昭和三〇年頃になりますと、ブルドーザーやパワーショベルが導入され、森や林が大規模に切り開かれ、それまでとは質的に違う根こそぎの地形・土地の改変が行われるようになりました。

2 家族・共同体と住環境の変化

縄文時代の集落は、家々が広場を囲んで立ち並ぶ居住域があり、住む人は中央広場や近隣に墓地を営み、祖霊とともに暮らしていたのが基本的な姿でした。そのような集落は、後の時代にも基本的に受け継がれていきました。

縄文時代の居住域・集落周辺には、食料・薬、薪や柴《しば》、その他物資を調達するクリ林やウルシ林を含む里山を育てて管理し、地下式の貯蔵穴群、水場、粘土採掘場、道も設置しました。縄文時代以降もつい最近まで集落の里山・共有林では薪や柴などをとり、共有の萱場《かやば》から毎年一戸ずつのカヤを刈って共同で屋根葺《ふ》きし、集落共有の井戸を利用し、海川での漁労や丘での生業も集団・共同作業で行う場合もあって、生活・集落を維持しました。

共同作業、集落の取り決め・集会、冠婚葬祭などで、富の分配、情報交換、親睦《しんぼく》を深め、人びとの絆《きずな》を深めることによって助け合い、地域共同体を精神的に維持してきたのです。

一方、弥生時代以降は、政治的都市、寺社や街道などに沿った町並みなどができ、集落形態や生活様式は少しずつ変わりました。竪穴《たてあな》建物から中世・近世には土間、勝手・水場、囲炉裏、縁側、障子、雨戸のあるカヤ葺き屋根の建物（図27）で外便所（図28、左）をもつ屋敷になりましたが、農村・漁村・山村の生活様式の基本は変わりませんでした。乳幼児は昭和三〇年代までは「えじこ」に入れられて育ち、中世の絵図や江戸末から明治の紀行文などでも、子供はほとんど裸で過ごしていたことがうかがえます。大人も肌を見せることが多く、繕い、つぎ当てした服の着たきり雀で、藁《わら》に潜って寝、イタドリの籌木《ちゆうぎ》（糞《くそ》べラ）や草・葉などで尻を拭《ふ》いて用を足しました。また、洟《はな》垂れ、ひび割れ、皹《あかぎれ》、霜焼けも普通だったようです。

また、縄文時代の昔から、私たちはネズミ、ノミ、シラミ、アブ、カ、ハエの多い、不衛生な環境に住んでいたようです。古代末から中世には農耕用の牛馬が母屋の土間の脇《わき》で飼われ、戦後、耕耘機《こううんき》が登場するまで、こうした光景は一般的でした。ヤギも乳をとるた

図27　昭和40年頃のカヤ葺き屋根の民家の水場（仙台市郊外）

図28　くみとり式トイレ（仙台市）と昭和10年頃のくみとり屋（大阪市）

めに飼われ、ブタの飼育、炭焼きも盛んでした。しかし、昭和三〇年に政府は、「蚊とハエのいない生活」実践運動を推進し始め、小学校ではハエ取りコンクールが行われるなど、生活環境が衛生的になって状況は一変しました。

一方、昭和三〇年頃からは集団就職、出稼ぎなどとして都市住民となった農村人口が、工業人口・サービス業人口として高度経済成長を支えるようになりました。昭和二五年に就業人口の半分を占めた農業を主体とする第一次産業従事者が、昭和三〇年には約四二パーセントに減少し、人口五万人以上の都市に住む人口が総人口の内の四五・五パーセントを占めるようになったのです。さらに昭和四五年には第一次産業従事者が就業人口の一九パーセントに減少し、農山村の過疎化は進みました。

都市では、昭和三〇年に創設された日本住宅公団（現UR都市機構）などがニュータウン建設を始めました。昭和三一年には大阪市から通勤時間一時間の枚方《ひらかた》市に、総面積一五〇ヘクタール、五〇〇〇戸近い総戸数をもつコンクリート造り団地の香里団地が建設されました。そこでの暮らしは2DKステンレス流し台、風呂・水洗トイレつきを基本とし、人口一万六〇〇〇人収容、家賃の月額四〇〇〇〜七〇〇〇円というものでした。昭和四五年頃までには三一メートルまでという高層ビルの規制が緩和され、都市部の住環境や景観などが、大きく変わり始めました。昭和三一年の経済白書に、「もはや戦後ではない」と記されたことは有名です。

一方、農村にもテレビの普及、鉄道・交通網の発達、出稼ぎなどによる交流によって都市生活の情報が流れ、便利で近代的な生活への憧《あこが》れもあって、急速な近代化が進みました。住宅もそれまでのカヤ葺き屋根、土間、囲炉裏・火棚、雨戸、縁側などに代わって、昭和四〇年代にはトタン葺き屋根、アルミサッシ、石油ストーブ、マットレス布団などが普及しました。食生活も近代化し、近隣の町にはスーパーもでき、教育費などの必要も加わって現金収入の必要性が高まり、次第に都市との格差は縮まっていきました。

農業も機械化され、糞尿《ふんにょう》を主体とした肥料や堆肥《たいひ》、柴や草の利用から、人工飼料・肥料が普及しました。また漁村でも、ノリの養殖や生産が機械化され、大型高級魚やカキなどの養殖も進んで、商業主義、貨幣経済が浸透しました。

このような変化は、共有地・里山などでの薪柴拾いや、カヤ葺き木造住宅用の資材調達などの共同作業の必要性を著しく低下させました。また寺社を中心とした冠婚葬祭や講・

結《ゆい》などによる自治・親睦など、組織的なまとまりでの結びつきも弱くなり、共同体や大家族の変質が進んだのです。

3 交通・物流の発達と経済の活性化

日本列島の各地には色々な特産品があり、縄文時代にも特産の石材やそれを加工した石器、南海産の貝で作った装身具、アスファルト、赤色顔料を作ったベンガラや水銀朱などの手工業的な精製品、塩・干し貝などが、定住生活を補完するための生活必需品として数百キロメートル圏の遠隔地にも運ばれていたことが出土品からうかがえます。これらによって集落間のネットワーク、物流拠点集落の存在が推定でき、丸木舟を用いた物流が盛んであったことが明らかになっています。

弥生時代からは、さらに港湾や河川、環濠《かんごう》集落をつなぐ内陸水路網の整備、準構造船が作られ、米などの農作物、鉄、布、農耕具、玉類などの手工業製品が、新たに出現した権力者などによって取引されました。古代になると荷車、道路網が整備され、貨幣の鋳造も始まって、陶器、漆や漆製品、塩、鉄などの手工業生産品と海産物などが活発に流通し、経済は一段と発展しました。さらに江戸時代には安定した幕藩体制を基盤に、全国的に流通する貨幣・寛永通宝が使われ、預金、貸付、両替、為替の発行なども行った銀行の祖型となる両替商も活躍し、経済が一段と成長しました。

明治時代からは鉄道網が整備され、昭和三一年には日本道路公団ができ、高速道路をはじめとした道路網、道路舗装・構造も飛躍的に進化し、併せて自動車の保有台数も急増、トラック輸送も発達しました。昭和三九年には東海道新幹線が開業し、鉄道網、飛行機、大型貨物船舶も物流を促進し、経済の成長を推し進めました。一方、縄文時代以来の舟・船による沿岸・河川・島伝いの水運は廃れ、交通の主流は陸路と車になりました。ただし、自動車の発達は、毎年多くの交通事故犠牲者を出し、大気汚染などの問題も生んでいます。

4　道具素材の変化、機械の大型化・自動化、大量生産

縄文時代は、粘土で土器・土製品を作り、石で石器、木や植物繊維で木製品・編組製品・繊維製品、祭りなどハレの日の容器や装身具として漆製品を作るなど、自然物を素材として道具類を作りました。また、もちろん家・建物や各種施設も自然物素材で作りまし

た。そして弥生時代には、農工具の刃先などの利器が鉄に変わりましたが、多くの自然物利用はその素材の特性を活《い》かしてごく最近まで続いていました。しかし、昭和三〇年前後から工作機械、産業機械の利用が急増し、たとえば昭和三五年には耕耘機の普及台数が六〇万台に、昭和三九年には二〇〇万台になりました。機械化による大量生産も飛躍的に進みました。大量生産、大量消費の時代を迎えたのです。

日常生活では昭和二八年には、「家電元年」と言われているように家電の「三種の神器」と呼ばれる電気洗濯機、白黒テレビ、電気冷蔵庫が普及し始め、同じ頃、トースターや電気釜《でんきがま》の販売も始まりました。また、洋服が一般化し、下駄や草履に代わって靴を履くようになり、足袋と靴下の生産量が昭和二八年には逆転しました。やがて化学繊維製の洋服が、安価に出回り始めて裁縫、繕いからも解放され、洗濯、炊飯、掃除、裁縫など、主婦の労働が大きく軽減されると、彼女たちはパート従業員などとして外に働きに出るようになったのです。

さらに石油を使った合成樹脂や化学繊維が開発され、昭和三〇年代半ばから家庭用ラップ、タッパーウェアが販売されるようになり、ポリバケツなどの合成樹脂製品も普及していきました。また、合成洗剤、薬品、農薬なども化学製品が広まり、自然物・有機物の利用は著しく低下しました。

このような物質文化における大きな素材変化は、考古学的に見ても最大の変化であるとして捉《とら》えられるでしょう。一方で、使われなくなった自然物、逆に腐らない化合物が、生ゴミ、反古《ほご》紙などとともに大量の廃棄物となり、行政によるゴミ収集が開始されたこともあって、ゴミ処理問題が深刻な社会問題化していきました。ゴミの収集は、昭和三五年に東京都内でポリバケツを用いて開始され、全国に広がっていったのですが、これによって、各家庭でのゴミ穴、ゴミ焼き、海浜部集落での貝塚の形成も終わったのです。また、肥料として使われなくなった糞尿も、下水道、水洗トイレを整備して処理するようになりました。

5　エネルギー源の変化

縄文時代になって定住するようになると、私たちの祖先は、里山から薪や柴をとって燃料とし、炭も作っていたと思われます。以来、燃料には柴や薪炭が使用されてきました。

江戸時代からは石炭が採掘され、明治維新以来、機関車の燃料などに使用され、戦後では昭和三六年にピークを迎えました。

さらに戦後は、住宅建設が急務となり、薪や柴を拾わなくなりカヤを刈らなくなった里山では、建築材として必要な杉・檜《ひのき》の拡大造林が行われました。そして昭和三〇年頃には、水力発電がエネルギーの主流となり、石油エネルギーの使用も始まりました。また、昭和三〇年に原子力三法が成立し、日本政府は原子力エネルギーの使用に向けて動き始めたのでした。その後、これらのエネルギーは、機械の動力、交通機関、そして調理、冷暖房などの家庭燃料などとしても圧倒的な使用量を占めるようになっていきました。

6　生業と食生活の変化

縄文時代は、人口が少なく、むしろ人口維持が課題だったくらいで、周辺の里山、里海などからの恵みで十分に豊かな食生活がまかなえたと考えられます。貝塚や低湿地遺跡から発掘される食べカスからも、その豊かさが推定できます。また縄文人の骨や歯に栄養不足による成長障害が認められることもほとんどなく、むしろクリの実のような甘味のあるデンプン質を多くとったためと考えられる虫歯も、食料採集民としては突出して高い比率で認められます。環境の悪化などによって自然の恵みが少なくなった、極地の人びとや熱帯に住む現代の食料採集民でさえ、一日の労働時間が平均四時間であり、ゆとりのある生活を送っているのに比べ、特に現代の多くの都市住民は時間に縛られ、長時間労働からなかなか抜けだせないようです。

弥生時代から生産された米は次第に主食となり、そこに雑穀、豆、ウリや野菜なども加わったことで、縄文時代以来の自然の恵みを利用することは相対的な割合としては減ったようですが、それでも継続して食べられていました。

しかし、古代になって米を租税として納めるようになると、米作りが中心の重労働となっていきました。当時は、米などの五穀、豆類、野菜が主体の、栄養価の低い一汁一菜の食事だったようです。そして、このような食生活は、江戸時代から大戦後まで続きました。

昭和三〇年頃になって生活全般がまず戦前のレベルに復活し、一方でパン・脱脂粉乳と鯨カツ、魚フライ、サラダ、シチュー、カレーなどの一菜がつく学校給食が普及し、やがて家庭でも肉類、牛乳・乳製品、パン・麺類《めんるい》などの小麦食品がとり入れられ、和食から大きく洋食化が進みました。また冷蔵庫・冷凍庫による食料品保存と遠隔地への移送、昭和三三年に売りだされたチキンラーメンに始まるインスタントラーメンや粉末ジュース、昭和三五年のインスタントコーヒーなどによって、食生活は大きく変化しました。

また近年はファストフード、外食、個食化が食のスタイルをさらに変えています。輸入に頼り過ぎて食料自給率（カロリーベース）は四〇パーセント以下になり、化学的な調味料、保存料、着色料、人工甘味料、添加物、残留化学肥料や農薬、遺伝子組み換え食品などが、食の安全を揺るがしていると指摘されています。

7　情報機器の飛躍的発達

縄文人も、数字概念や大きさの単位は知っていましたが、文字をもたなかったため、アイヌ民族のユーカラ、沖縄の『おもろさうし』にまとめられた神歌などの口頭伝承や、物流・交流・祭りなどの際の情報交換などによって、情報・知識の蓄積が図られたと考えられます。言葉のもつ重み、言霊の力、伝承・伝達力は大きかったのでしょう。

古代からは文字がとり入れられ、記録によって情報や知恵が蓄積されるようになりました。その後、馬や飛脚による情報伝達能力が向上することもありましたが、言葉と文字による意思や情報を直接的に伝達する基本は長く続きました。

その後、科学の発達によって情報の伝達・蓄積などの方法は飛躍的に進歩し、昭和三五年頃からは電話が普及し始め、白黒テレビが昭和二七年に発売、二八年に放映が開始され、テレビによるコマーシャルは商業主義を後押ししました。さらにコンピュータなどが、情報化社会・グローバル化を進めたのはご存じの通りです。そして、それらは一方で情報の氾濫《はんらん》、情報管理の難しさ、人と人との直接的な意思の疎通がうまくいかなくなるなど、問題も多く孕《はら》んでいます。また外からの情報に圧倒され、自ら考える能力が減退しています。

8 環境悪化や精神などの変化

・環境悪化

多量なCO_2の排出による地球温暖化によって海水面の上昇は目に見えて進み、大気汚染、公害、農薬などによって森林・植生が破壊され、人びとの住環境が安全でなくなり、不安定になっています。

約七〇〇〇年前に今より二度ほど平均気温が高い時期が続き、海水面が約三メートル上昇した「縄文海進」がありました。関東平野の低地、谷づたいに奥深く海が浸入したのです。その後も大きな寒暖の繰り返しがありましたが、人為が関与した温暖化は、放置するわけにはいきません。

環境の汚染も深刻です。山や海の環境が悪化し、そこに生息する山菜やキノコ、魚介類も汚染され、収穫・漁獲量も目に見えて減少しています。

●精神の荒廃

アフリカで新人段階に進化した人類は、今から約三～四万年前に世界各地に拡散し、日本列島にも新人の一派が到達しました。それ以来、人間の生態、知能、本性は、ほとんど進化していません。つまり同じ大きさの頭脳で、特に近年急速に複雑な政治経済情勢や社会環境、氾濫する情報などに翻弄されているのです。昭和三〇年代までは超自然現象、吉凶、作柄、災害、病気、狐憑《つ》き、神隠しなどまで、占い、まじない、はらい、祈りが息づいていました。神社や民間の祈禱《きとう》師・占い師が祈り、人びとは安産や乳が出るよう祈った絵馬や耳や目の健康を願ったまじない品を盛んに神社に奉納しました。

先述したように、縄文時代後期の北海道南部・洞爺《とうや》湖町《こちょう》の入江貝塚では、幼少時にポリオにかかり、手足が幼児と同程度の太さしかなく、立って生活できなかった女性が、家族・集落に助けられて二〇歳前後まで暮らし、丁寧に墓に埋葬されて見つかっています。また、栃木県の大谷寺《おおやじ》洞穴遺跡や、岩手県中沢浜貝塚でもポリオにかかった遺骨の類似例が報告されています。つまり、縄文時代にもすでに立派な福祉が行われていたのです。

一方、科学万能の現代がさらに近代化を推し進めるなかで、宗教・信仰心は希薄化し、倫理・風紀・秩序・公衆の道徳心まで低下しています。複雑な競争・効率化社会、人間関係の希薄化、利己主義、孤独感・ストレスは、幼児や高齢者の虐待、いじめ、年間三万人近くの自死者、通り魔事件や保険金殺人なども誘発し、精神の病も多くなっています。

●教育の変化

縄文時代にも集落の歴史、仕事や暮らしの仕方、人としての生き方・作法、自然環境や動植物などについて、家族や集落の人びとに教えられ、狩りや魚とり、道具や家の作り方などは、大人を手伝いながらまね、子供どうしで遊びながら学んだと考えられます。縄文人は文字を知りませんでしたが、道具作りの技を伝え、集団で共同作業し、他地域と盛んに物流もしていましたから、言語は発達していたと思われます。口頭伝承によって歴史や習慣を伝え、知恵を蓄積していたと考えられるのです。

江戸時代になると現代の義務教育に近い学校ができ始め、特に一八世紀以降、武士の教育のための藩校と庶民の子供を教えた寺子屋が盛んになり、明治時代には国民を教育するための学校ができました。

戦後になり、昭和二一～二三年に生まれた約八〇〇万人の団塊世代が就学時になると、「揺りかごから墓場まで競争」と言われる時代が訪れます。一クラス五〇人以上のすし詰め教室で、学力が競われるようになりました。昭和三五年には都内の「進学研究会」が高校受験の合否判定の目安に偏差値を用いた『高校への進学指針』を発行するなど、偏差値教育が進みました。戦前から始まり、「受験地獄」の言葉も生まれた受験戦争が激化して、学歴社会化がますます進んだのです。

二　今後の方向性

こうした昭和三〇年代以降の変化を鑑みるに、私は、自然や環境に負荷をかけず、お天道様の動きと季節の移ろい、地域の特性などに寄り添って生き、自然の猛威から身を守る安全安心な生活と生業のための立地、自然・景観・歴史など過去から受け継がれてきた貴重な財産を調和的に利用できる計画的な地域作りをしていくことが必要だと考えます。そして、地域内の自然物や生産物を増産して自給率を高め、新鮮で安心できる物を、運搬や保存、ゴミ処理などにかかる経費を縮減しつつ、利用できるようにしなければと思います。このような総合的で循環型の地域活性化によって、労働力の確保、雇用を生んで適切なワークシェアによるトータルなコストバランスを維持することもできるでしょう。また生業・生活の施設、機器、資材、生活物資などの利用でも、物に感謝する心をもって大切に使い、修理して再利用、再加工し、再生と循環を図ることが必要です。

一方、人として生まれた以上、誕生、教育、日常生活、医療、福祉、死亡（埋葬）など、人の一生にかかわる基本を歴史に照らし、基本的権利（人権）を護《まも》り、必要な事柄については公的支援、一定の保障が必要だと考えます。これら公的支援の分野・程度、労働時間・賃金、自分のための時間について、その必要性・あり方、分担・分配を決め、ともに働くことが必要です。そして、収入・賃金の格差を小さくして、社会貢献、全体の幸福に向けての労働貢献の観点に立てば、個人的な競争や過労も緩和されるでしょう。

また、人びとのつながり、相互扶助・助け合い、教育者を含めて競争のためでない教育、地域・生活環境の保全と愛着などの倫理、精神、道徳を高めることによって、私たちは幸福に向かうことができるでしょう。私たちの祖先、縄文人に笑われるようでは情けないです。いずれにしても主体は私たちであり、家族を核とした地域社会でのつながりと地域特性を踏まえて、私たちのために、私たちがどうあるべきか、どうすればいいのかを、互いに認めて信じ合い、大いに議論し実践することが大切です。

現代社会の抱える問題は、高度経済成長のひずみが現れた当初から、もうすでに四〇年以上にわたって指摘されてきました。しかし、楽天的で、危機感が薄く、あの敗戦さえも教訓にせず、十分に責任も負わないできました。誰かスーパーマンが現れて世直ししてくれるのではと、惰眠を貪《むさぼ》っているわけにはいきません。

参考文献

伊東光晴編『ドキュメント昭和史8　問われる戦後』平凡社、一九七五

祖父江孝男編『日本人はどう変わったか』NHKブックス、一九八七

毎日新聞130年史刊行委員会『「毎日」の3世紀　下巻』毎日新聞社、二〇〇二

佐藤愛子ほか「戦後60周年企画第2弾　消えた「昭和」」『文藝春秋』第八三巻第五号　文藝春秋、二〇〇五

読売新聞昭和時代プロジェクト『昭和時代三十年代』中央公論新社、二〇一二

中村隆英『昭和史　下』東洋経済新報社、二〇一二

おわりに──歴史に学ぶべき現代

縄文人は、自然の脅威にさらされながら、原始的な生活を送っていたと、かつては考えられてきました。しかし、昭和五〇年頃から、大規模な開発の際、遺跡が開発工事によって壊される前に発掘による記録をとって調査成果を後世に残す「記録保存」のための調査を、行政が盛んに行うようになりました。その膨大な数と広い面積を掘る発掘調査によって、多くの発掘成果があがり、縄文文化の実態の解明がにわかに進みました。

そこでは、私たちの祖先「縄文人」が、日本列島の各地で、その地域の自然、風土などに適した文化を築き、豊かで安定した平和な生活を持続していたこと、そして一万年間という悠久の時間を積み重ね、日本文化の確かな基礎を築いていたことが、次第に明らかになってきました。縄文人は、自然の一員として環境を熟知するとともに、自然を育て、負荷がかからないように自然を利用し、ともに生きる技を磨いて生きていたことが明らかになってきたのです。そこで、本書ではまず自然と調和的に生きた縄文人の生活文化の具体像を、発掘成果を踏まえて実証的に説明しました。

また、縄文人は、自然とともに生かされたことで、価値観や哲学、人生観、世界観、信仰心といった、生活や生き方を支える高度な精神文化を発達させました。文字のない時代の精神文化については、私が専門とする、遺跡に残された物証によって物質文化を説明する考古学にとって、不得意分野と言えます。しかし、少しでも関連する考古学的な事実を駆使し、アイヌ文化や日本の民俗文化に継承されてきた精神文化の歴史を参考にすることで、本書ではこの分野についても可能なかぎり説明できるように努めました。

今日の日本文化の基層は、私たちの祖先が長年かけて、日本の土地・風土に相応《ふさわ》しいように築きあげてきたものです。そして日本列島に適していたからこそ、それが日本文化の基礎になって現代まで継承されてきたのではないでしょうか。

縄文時代を経て、やがて弥生時代を迎えると、日本人は、鉄などの金属を用いて土地を開墾し、その土地を囲いこんで稲作農耕を始めました。すると、金属、土地、水などの権益をめぐって競争や戦争が始まります。職業・階級も生まれ、やがて政治・覇権争いや経済競争へと進んでいきました。

一九世紀の終わり頃からは、世界的に科学技術と工業が発展し、日本でも近代化が進められました。特に第二次世界大戦後の復興と経済の高度成長とが結びついた昭和三〇〜四〇年代には、生活文化が急激に近代化するとともに社会も情報化し、躊躇《ちゅうちょ》する間もなくさまざまな面で大きな転換を迎え、縄文時代以来重ねてきた日本固有の生活文化・基層文化まで大きく、急速に変わっていきました。

それに伴い、今日では環境悪化、共同体の崩壊、食の安全やゴミ・交通・エネルギー問題といった多くの社会問題が顕著になり、精神文化の荒廃も指摘されています。各方面から、危機的な状況が指摘されて久しいと言えるでしょう。しかし、そうした傾向は一向に改善されず、むしろ問題は深刻化しています。今こそ歴史を振り返って、人びとにとっての幸福、本当の豊かさや発展とは何なのか、各地の自然と風土のなかで人間としての根源的な生き方を求め、原点に立ち返って価値観、哲学を再考して生き方、生活文化を見直さなければ、いずれ私たちは人間性からますます乖離《かいり》して破滅を迎えるのではないでしょうか。縄文人をはじめ私たちの祖先が今日の様子を見たら、きっと驚き、笑い、あきれ、そして哀れにさえ思うかもしれません。

日本は、平成二三年に大震災と津波を経験しました。それらも教訓として、日本の風土、歴史、文化を振り返り、縄文文化と比較して考えてみることにより、自然とともに生きる力や「もったいない精神」、少ない物のなかで工夫して生きることの価値、物事を伝える力、日本の風土に適した、歴史を踏まえた精神・哲学を護《まも》り発展させることなど、縄文人からの伝言を活《い》かして未来に向けて進んでいこうではありませんか。

野山と遺跡が好きだった少年時代から、夢に見た考古学研究と遺跡の保存活用の仕事に長年携わることができました。昭和二三年一月一日、干支《えと》の始まり、ねずみ年の最初の日に生まれ、激動の戦後を生きた団塊世代の一人として、そして、歴史・縄文文化や民俗学で言う常民の生活文化を研究してきた者として、これまでの研究成果を伝え、少しでも皆さんの役に立つ話ができたでしょうか。

なお、末筆になりましたが、長年にわたって研究と文化財保護に携わってきた私の思いと、縄文文化について理解を深めてくれ、一年以上にわたった私の研究者としての総括の執筆を助けてくれた集英社新書の編集担当の渡辺千弘君、そしてこれまで私の研究を助けてくれた多くの方々に感謝して筆をおきたいと思います。

平成二六年五月二六日　奇《く》しくも父の一〇年目の命日

旅する杉並の縄文人　おかむらみちお

写真・図版提供
御所野縄文博物館（36頁、104頁・図14下、144頁）
TNM Image Archives（46頁、秦檍磨「蝦夷島奇観」東京国立博物館蔵）
橿原市教育委員会（60頁）
東北歴史博物館（74頁、77頁・図9・10、167頁、176頁・図28左）
新潟市文化財センター（98頁）
福島市教育委員会（104頁・図14上）
函館市教育委員会（104頁・図14中央）
北杜市教育委員会（115頁）
是川縄文館（119頁・図16上）
岡谷市教育委員会（119頁・図16中央）
洞爺湖町教育委員会（127頁）
青森県教育庁（142頁）
岩手県文化振興事業団　埋蔵文化財センター（147頁・図21上）
北海道教育委員会（165頁）
小野寺正人（176頁・図27）
一般財団法人環境事業協会（176頁・図28右）

撮影
堤勝雄（77頁・図8）
熊谷常正（169頁）

図版作成
株式会社ウエイド
（16～17頁、23頁、60頁・図6右下、78頁、102頁、119頁、147頁・図21下）

岡村道雄(おかむら みちお)

一九四八年、新潟県生まれ。考古学者。三内丸山遺跡の発掘調査などに関わり、縄文研究者として知られる。東北大学大学院史学専攻修了。宮城県東北歴史資料館、文化庁、奈良文化財研究所などで勤務。現在は「杉並の縄文人」として、縄文的な生活の実践に努めている。主な著書に『縄文の生活誌』(講談社学術文庫)、『旧石器遺跡「捏造事件」』(山川出版社)など。

縄文人《じょうもんじん》からの伝言《でんごん》

集英社新書〇七四六D

二〇一四年七月二二日 第一刷発行

著者……岡村道雄《おかむらみちお》
発行者……加藤 潤
発行所……株式会社集英社
東京都千代田区一ツ橋二-五-一〇 郵便番号一〇一-八〇五〇
電話 〇三-三二三〇-六三九一(編集部)
〇三-三二三〇-六三九三(販売部)
〇三-三二三〇-六〇八〇(読者係)

装幀……原 研哉
印刷所……凸版印刷株式会社
製本所……ナショナル製本協同組合

定価はカバーに表示してあります。

ISBN 978-4-08-720746-0 C0221

Printed in Japan

a pilot of wisdom